親鸞の家族と門弟

今井雅晴

法藏館

まえがき

現代社会にはさまざまな課題があり、私たちは日々それに直面し、それに戸惑い、またそれを乗り越えようと努力しています。特に、夫婦や親子の家族問題や学校の教育問題の解決が大きな課題です。さらにはそこから派生して悪化することが目立つ友人・知人の関係、また師匠と弟子の関係、あるいは会社の上司・同僚の関係などの、人間関係の解決も重要な課題です。

経済がこれだけ発展した日本で、それと比例するように家族問題・教育問題が続々と現われてきているのは何とも皮肉です。第二次大戦後六十年になんなんとする日本再建の努力は何だったのだろうという気がします。

では、親鸞の時代はどうだったのでしょうか。親鸞とそのまわりの人びとには、私たちが抱えているような問題はなかったのでしょうか。いや、そんなはずはないと思います。親鸞やその家族、その弟子たちは真剣にそれに対処しようとしたはずです。私は、親鸞の教えは今日に至るまでの人びとの心の導きとなっていると思います。そうであるからには、家族問題・教育問題の解決という現代の深刻な課題を考える上での大きな示唆も、親鸞と妻や子・孫という家族関係、親鸞と弟子たちという師弟関係のなかにあるのではないでしょうか。

私たちは、親鸞と家族・弟子たちの問題解決への努力から、明日に向かって生きる道を学びたいと思います。本書はこのような目的で書かれたものです。

私は歴史学の研究を専門にしています。その立場からいうと、親鸞とそこから始まる真宗（浄土真宗）の歴史を見なおすことが、まず、大切なことになります。そのためには、先入観念なしにできるだけ正確に事実を把握する必要があります。本書で扱っている対象は、ほぼ、鎌倉時代に生きた人たちですので、「鎌倉時代の社会のなかで生きた親鸞とその家族・門弟」という観点と、「鎌倉時代の社会のなかの問題解決に、鎌倉時代の方法で努力した彼ら」という観点が必要です。

誰が考えても、現代と江戸時代とは同じ社会だとは思わないでしょう。当然、現代と鎌倉時代だって、同じ社会ではないのです。では鎌倉時代にはどんな問題があって、それを解決すべくどのように努力したのでしょうか。親鸞は何に対して、どのような解答を出したのでしょうか。その親鸞の思想は、家族や門弟、そして現代に至る人びとにさまざまな形で受けとめられてきました。そしてその受けとめ方もまったく誰もが同じ、というわけにはいきません。それぞれの人が、それぞれの人生体験を背景にして受けとめていったのです。

同じ、といえば、問題解決に向かって工夫し、努力しようという人間の心でしょう。それを現代の私たちが学ぶことができるのだと思います。

親鸞をいたずらに神格化することはよくありません。親鸞の思想を絶対視して頭から押しつけるのもよくないと思います。神格化も絶対視も、親鸞以降の誰かが行なったことなのですから。ですから、親鸞のまわりの人たちが、親鸞をどのように受けとめたのかをあらためて見つめなおす必要があると私は考えています。

ところで現代社会において、夫は、父は無条件に家族に尊敬されているでしょうか。そんなことはないでしょう。現代社会は夫も、家族のなかの仲間として努力しなければならない時代です。近年携帯電話が普及して、社会のなかでも家庭のなかでも個人化が進んでいることはわかっていましたが、問題はもっと先へ進んでいるようです。

平成十三年には、小学校五年生では五十二パーセントが朝の食事を一人でとり、新築の家の二十五パーセントは夫婦の寝室が別だそうです。こういう時代であるからこそ夫として、父としてのあり方が問われているのだと思います。

では人間親鸞は夫として、父として祖父として、あるいは師匠としてどのように見られていたのでしょうか。妻の恵信尼《えしんに》、息子の善鸞《ぜんらん》、孫の如信《にょしん》そして曾孫の覚如《かくにょ》。彼らは親鸞の家族であったことによって、どのような重荷を背負い、また希望を見出したのでしょうか。それに関東の門弟たち、『歎異抄』の著者と目される唯円《ゆいえん》も、親鸞と出会ってどう人生を変えていったのでしょう。それを、きれいごとではなく、彼らの実際の生活のなかでみつめていきたいと思います。

本書は六つの章から成っています。それぞれについての概要と、主旨は次のとおりです。

親鸞と恵信尼――京都時代と関東時代について妻の立場から――

親鸞と恵信尼はお互いを観音菩薩としてずっと尊敬しあっていたといわれてきました。しかし、はたしてそうでしょうか。お互いに一度も不満・不足を感じなかった夫婦がいるでしょうか、特に妻の立場からいうと。本章はこのような観点から述べました。男性中心の見方で夫婦関係を判断するのはもうやめるべきです。恵信尼だって、夫についていいたいことがあったに違いないのです。そしてそれに関して、私は恵信尼が常陸国下妻《しもつま》で親鸞を観音の生まれ代わりであると見た夢について疑問があります。なぜ結婚後約十年の、しかも越後からの関東への入り口でこのような夢を見たのでしょうか。また、若いころの恵信尼は京都で法然の教えを受けていたこと、それも親鸞より早く受けていた、ということについても本章で述べました。

親鸞と善鸞――関東に送られた息子の立場から――

父親鸞に背いて勘当（義絶）された善鸞――もうこのような見方は改めるべきであります。まず、善鸞が関東の門徒たちの誤った信仰を正すということは、彼らの面目を失わせることになるということ、それを私たちはどう考えるのか、ということがあります。また、彼ら門徒に、逆に、善鸞の信仰が間違っているとして非難する資格はあるのだろうかと思うのです。その疑問とそれについての根拠も述べました。そして善鸞は親鸞によって勘当されたと考えるべきではないということも述べました。いわゆる善鸞異義事件は、善鸞の立場に立ってみると、「親不孝者善鸞」と決めつけることができないことがわかります。それに私たちの家族のなかで、「お前は悪い人間だ」とわが子を決めつけ追い出しっぱなしにして問題は解決するでしょうか。まして、他人が「何と悪い息子だ」と大合唱し続けていいものでしょうか。

親鸞と如信――親しい孫の立場から――

親鸞に続き、本願寺第二代とされている孫の如信。それにしては影の薄い人物です。でも、本願寺教団の基礎を固めた覚如はとても如信を尊敬していました。また如信は、一時はかの『歎異抄』の著者ではないかとされたこともあります。いまでもその可能性は消えていません。その如信は善鸞の息子であります。数少ない史料から垣間見える如信の実像は、第一に、熱心な親鸞の信奉者ということです。いや、「祖父の信奉者」という方がより正確という気がします。第二に、ちら、ちら、と史料の合間から気の強さを見せますが、友好的な人柄で、全体として目立たないように意識して生きた人間という印象を受けます。父善鸞とはかなり異なる人間のようです。

親鸞と門弟――真仏・顕智・性信・順信の生活の立場から――

真仏《しんぶつ》・顕智《けんち》・性信《しょうしん》・順信《じゅんしん》らは、いずれも親鸞が深く信頼した門弟たちです。真仏・顕智は高田門徒の、性信は横曾根門徒の、順信は鹿島門徒の指導者です。高田門徒は親鸞の自筆をもっともたくさん集めて今日に至っていますし、横曾根門徒は坂東本『教行信証』を伝え、鹿島門徒は親鸞亡きあとの遺族を強く守りました。しかし――、彼らは親鸞が教えたとおりの信仰を守っていたでしょうか。否、というのが私の答えです。正確にいえば、彼らは親鸞の信仰を彼らの生活のなかで変化させて生かしていたのです。では具体的にどうだったのかということを本章で述べました。付言すれば、親鸞はそのような門弟たちのあり方を知っていた、と私は考えています。

親鸞と唯円――『歎異抄』の立場から――

現代日本において『歎異抄』ほどよく知られた仏教関係の書物はないでしょう。私自身にも『歎異抄』に強い思い出があります。本章はそれについて述べることから始めました。また『歎異抄』に見える悪人正機説が親鸞の専売特許ではないこと、現代とは異なる鎌倉時代人の独特の「悪」観、「面授」つまりは直接会って教えを受けることが今日想像する以上に大切にされていたことなどについて述べました。

続いて、著者といわれる常陸河和田《かわだ》（茨城県水戸市）の唯円とはどういう人物であったかについて、いくつかの可能性を述べました。河和田とはどのような地理的・政治的背景を背負った地域であるかについても詳しく述べました。ちなみに、唯円を開基とする河和田の報仏寺は、私の自宅のすぐ近くにあります。私は唯円の住んだ地域に身を置き、その息を感じながら述べたつもりです。

親鸞と覚如――教団形成をめざす子孫の立場から――

覚如が生まれたのは親鸞没から八年後、恵信尼没から二年後のことでした。覚如は親鸞に一定の距離を置いて眺められる立場にありました。そしてそれゆえにこそ、強く親鸞を求め、はっきりした特色のある親鸞教学を作ろうとしました。親鸞の子孫である自分が門徒たちを率《ひき》いるべきであるという論理も打ち立てました。これらについて覚如は天才的な能力を持っていました。しかし多くの門徒たちの反感を買い、頼るべき長男の存覚とも対立し続けて二度にわたって勘当しました。そこで毀誉褒貶《きよほうへん》さまざまというのが覚如の評価です。ただ、あくまでも自分の意見を強くいうという、現代社会では形勢の悪い父親像を覚如が演じていることに、私は興味を惹《ひ》かれています。

本書はいくつかの機会に講演した話をもとにして構成しました。それについて二つのことをお断わりしておかねばなりません。

第一に、講演のときには親鸞聖人、恵信尼さん、覚如上人などと尊称・敬称をつけてお話しすることもありましたが、本書では、すべて歴史上の人物として尊称・敬称を省略しました。それに伴い、敬語も省略しました。

第二に、講演のときにはその場の雰囲気で話が脇道にそれたり、話を省略したりしたこともあります。本書をまとめるにあたり、かなり整理した部分もありますことを、ご了承ください。

本書を出版するにあたり、それぞれの講演でお世話になった方々にあらためてお礼を申し上げたいと思います。いま、それぞれの講演会場の雰囲気をなつかしく思い返していします。

また、法藏館編集長の上別府茂氏と担当してくださった池田顕雄氏にもたいへんお世話になりました。

平成十四年五月五日

今井雅晴

親鸞の家族と門弟＊目次

親鸞と如信──親しい孫の立場から──

親鸞と門弟──真仏・顕智・性信・順信の生活の立場から──

親鸞の家族と門弟

親鸞と恵信尼——京都時代と関東時代について妻の立場から——

一　はじめに

親鸞と恵信尼について、京都時代と関東時代のお話をさせていただこうと思います。お話の筋といたしましては、奥さんの恵信尼はどういう人であったのか、それから親鸞とはどのような夫婦であったのかということを軸にしたいと思っております。いわば恵信尼の側から親鸞を見るという筋です。

恵信尼につきまして、皆様方はどのようなイメージを抱いていらっしゃるでしょうか。それはだいたい決まっていますね。「親鸞を立派に助けた坊守」。そして親鸞・恵信尼以後、今日に至る長い間の真宗寺院の奥さんたち、すなわち坊守さんたちのお手本になる人である。恵信尼のようになれれば非常にいいな、ということですね。「坊守として夫を助ける恵信尼」ということで、夫を心から信じていた妻という図式です。

しかし、「親鸞を立派に助けた坊守」、それだけだっただろうか、というのが私の疑問です。私は、恵信尼が親鸞との夫婦関係で苦労したことや悩んだこともあったのではないか、と思うのです。これは、私どもが自分たちの夫婦関係を考えたときに、すぐ思い至ることです。十年、二十年と、お互いにまったく不満を持たずにきた夫婦があるでしょうか、ということなんですね。おそらく何らかの不満や注文はあるのではありませんか。恵信尼と親鸞がそういった関係であったかどうかは明確にはわかりません。しかし一応、一歩下がって考えてみたいということなのです。

二　京都時代の恵信尼

貴族の娘・恵信尼

さて、親鸞と恵信尼はどこで結婚したのでしょうか。皆様方もお考えになったことがあるでしょう。これには二つの説があります。

第一は越後説です。親鸞が三十代半ばで越後国に流されて、そこの豪族である三善為教《みよしためのり》の娘の恵信尼と結婚したという説です。恵信尼のお父さんの名前が三善為教（為則）であったということは確実なこととしてわかっています。

次に、いやそうではない、もう京都で結婚していたのだという第二の説があります。恵信尼は日記もつけていた教養のある女性で、京都の貴族の娘であり、親鸞は京都にいる間に結婚したのだ、というのです。

実は昔から、親鸞は越後国でそこの豪族の娘の恵信尼と結婚したという説が強くありました。山田文昭氏の『真宗史稿』（昭和九年）、大谷嬉子氏の『親鸞聖人の妻　恵信尼公の生涯』（昭和五十五年）、藤島達朗氏の『親鸞をささえた妻と娘――恵信と覚信――』（昭和五十九年）などの著書にもそれは表われています。

恵信尼絵像（龍谷大学蔵）

したがって、赤松俊秀氏がその著『親鸞』（昭和三十六年）のなかで、いや、結婚の場所は京都です、恵信尼は貴族の娘です、と主張されたのはむしろ珍しい例に属します。私もはじめは、親鸞は越後国に流されたときにそこの豪族の娘の恵信尼と結婚したのだと考えていました。

しかし現在、恵信尼は京都の貴族の

娘で、皆様は驚かれるかもしれませんが、身分からいえば皆様よくご存じの『源氏物語』を著わした紫式部や、『枕草子』の清少納言という女の人と同じ身分の人であった、と私は考えています。身分だけの問題ではなく、教養はもちろん生活感覚なども同じようであったろうと推測しています。そして恵信尼は、親鸞の一生の師として知られる法然の教えも受けていたと考えられます。——では、そんなことがどうしてわかるのでしょう。

法然の弟子・恵信尼

平成八年四月に東京の真宗大谷派の真宗会館で開催されました真宗教学学会東京大会で、岡本嘉之氏が「親鸞聖人と恵信尼公の出会いについて」と題して興味深い発表をされました。それは、恵信尼の手紙を分析することにより親鸞と恵信尼とは京都で出会っていたとわかる、とする内容です。岡本氏は東京教区の大谷派の僧職の方です。そのあとすぐ、偶然ながらこんどは本願寺派の方が同様の研究成果を公表されました。

恵信尼の手紙は大正十年に十通が西本願寺で発見されまして、その後多くの人たちが関心を持って研究してきました。しかし、法然と恵信尼の出会いについては今までだれも気がつかなかったのですね。もちろん私も気がつきませんでした。その恵信尼の手紙のなかに、親鸞の若いころのことについて触れている内容があります。恵信尼は八十二歳、ちょうど親鸞が亡くなったばかりで、親鸞はこのような人であった、と末娘の覚信尼《かくしんに》に伝える内容の手紙なんですね。親鸞が若いころに比叡山で堂僧《どうそう》を務めていたということは、この手紙でわかるのです。

親鸞は、九歳のときから二十年間、比叡山延暦寺で修行しました。でもいろいろと悩みがつきず、二十九歳のときに山を下りて京都の六角堂に百日間籠《こも》りました。これからどうしたらいいのかお告げをいただきたいと、六角堂の本尊でありますす観音菩薩にお願いしたのですね。このようなお籠りをするのはそのころの習慣だったのです。すると九十五日目の暁に観音菩薩が出現してお告げをくださったと、恵信尼は書いています。

その恵信尼の手紙によりますと、親鸞は、堂僧を務めていた。もちろんそんなことは恵信尼は見ているのではないですね。それから親鸞が六角堂に籠った。それも恵信尼は見ていません。のちになって親鸞から聞いたことでしょう。それで、六角堂でお告げをもらってから、親鸞はよき師を探して法然にめぐりあうことができ、また百日間、雨が降ろうが晴れて暑かろうが、どんな大事なことがあっても、それをさておいて法然のもとに日参したと恵信尼の手紙には書いてあります。

そしてこの恵信尼の手紙は、親鸞が法然のもとに日参する話に至ると、がらっと調子が変わるのです。つまり六角堂のことまでは人から聞いた話として書いているだけなのに、

親鸞が法然を訪ねたことは、なんと恵信尼が実際に見ていたとわかるように書いているのです。恵信尼の手紙では、

六角堂に百日こもらせ給て候けるやうに、又、百か日、降るにも照るにも、いかなる大事にもまいりてありしに、

とあります。少しむずかしい文法の話になりますが、「ける（けり）」と「し（き）」ということばの使い方を調べることによって、恵信尼は法然のもとに通った親鸞を見ていたことがわかるのです。

昔の文法では、他人から聞いた過去のことをいう場合と、自分が経験した過去のことをいう場合とではことば使いが違ったんですね。硬いことばでいえば、使用する「過去を表わす助動詞」が違うのです。その助動詞は「き」と「けり」です。「き」は自分が実際に経験した過去のことを表わし、「き・し・しか」と変化します。「けり」は他人から伝え聞いた過去のことで、「けり・ける・けれ」と変化します。

恵信尼の手紙では、親鸞が九十五日目の暁に観音菩薩のお告げをいただいたことについては、「ける（けり）」を使ってあります。つまり、のちになってから親鸞から聞いたことなんでしょうね。ところが、ここから手紙の助動詞の使い方が変わって、法然のもとに親鸞が百日間通った話になると、助動詞「き（し）」を使って自分の体験として恵信尼は語

っているのです。続いて恵信尼の手紙には法然がこういったとあります。

善き人にも悪しきにも、同じやうに、生死いづべきみちをば、たゞ一筋に仰せられ候しを、うけ給はりさだめて候しかば、

「善人であっても悪人であっても、皆、念仏を称えれば必ず救われる、と親鸞がうかがったということを自分も聞いた」、と恵信尼は書いているのです。使用している「過去を表わす助動詞」はすべて「き（し、しか）」ですから、そのように判断せざるをえないのです。

私は、恵信尼はいったいどこで親鸞と知りあったのかということとともに、念仏の信仰にどこで入ったのかという点について関心を持ってきました。それがなんと、親鸞と同じころに法然の弟子であったのです。そしてそれを恵信尼は覚信尼への手紙のなかで語っていることになるのです。しかも法然の弟子になったのは、親鸞より恵信尼の方が先と考えられるのです。

恵信尼の実家の三善家というのは、曾祖父と考えられます三善為康以来、比叡山の念仏の坊さんたちを大事にしていた家柄です。熱心な念仏信仰の家柄なのです。為康は念仏で往生した人たちの伝記を集めて『拾遺往生伝』と『後拾遺往生伝』を執筆しました。『拾遺往生伝』は比叡山黒谷の浄意という僧侶の協力を得て完成しています。また為康自身も

『本朝新修往生伝』という本に念仏往生した人として載せられています。

それに当時の朝廷の摂政の九条兼実《かねざね》は、親鸞が法然に弟子入りする十二年も前から法然と親しくしています。法然はすでに主著の『選択本願念仏集』を書き上げ、兼実に差し上げています。恵信尼の父三善為教はその九条家の家司《けいし》でした。家司というのは、身分の高い貴族の家のなかをとりしきる役で中流の貴族だったのです。

三善家が一家をあげて法然の教えを受けていたであろうこと、恵信尼が法然の教えに親しんでいたであろうことは、十分に考えられるのです。これが恵信尼が法然の指導を受けたのは親鸞より先だろうと思っておりますもう一つの根拠なのです。

恵信尼の結婚

ということになりますと、恵信尼は京都に住んでいた貴族の娘で、法然を仲立ちとして親鸞と結婚したのではないかと考えられます。ですから恵信尼は、法然門下のたいへんすぐれた若手の僧侶としての親鸞を、前もって知っていたと考えて間違いないと思います。もちろんその当時の貴族の娘ですから、恵信尼が親鸞と口をきいたことがあったかどうかということは問題外です。いずれにしても、恵信尼は全然知らない人と結婚したということではなく、知っていたということです。しかも結婚生活のはじめから夫を尊敬できていたと思われます。

　ただ、当時、僧侶は異性とは関係を持ってはいけないという戒律が存在していました。これを不淫戒《ふいんかい》といいます。隠れて関係を持つ僧侶はいたにしても、それはあくまでも公《おおやけ》には隠さなければいけないものでした。鎌倉時代の『沙石集』に「せぬは仏、隠すは上人」とあります。この場合の仏とは、仏像のことです。その不淫戒を押して結婚することに、恵信尼が悩まなかったとは思われません。このような問題は残ります。

　親鸞と恵信尼の結婚生活は、いうまでもなく貴族風だったでしょう。つまり、毎日の生活の面倒は恵信尼の侍女たちがみるのです。脇田晴子氏が『日本中世女性史の研究』のなかでいわれているように、貴族の女性たちは働かないのはもちろん、御簾《みす》のなかにいて顔を見せず、人にかしずかれなければならないものとされていました。

　したがって貴族の娘たちは日常の家事を切り盛りする能力を持っていませんでした。それを身につけるようには教育されていなかったのです。彼女たちは、例えば、ご飯を作ってはいけないのですね。結婚してからも、夫のそのような日常の世話をしてはいけないのです。それははしたないことで、召使の女の人のするべきことでした。もちろん育児もしません。乳母がするのです。

　恵信尼は、その後、京都・越後・関東で子どもたちを数人育てることになります。これは非常な努力だったと私は思いますね。恵信尼はご飯の作り方や育児のすべを知っていたはずがないのです。しかし結果的にはそれを全部、おそらく努力して学び身につけて、それで立派に子どもたちを育てたのです。もちろん夫の世話もしたのです。恵信尼というのはそのような、いま自分は何をすべきかについて、状態に応じて判断のできる賢い人だったと思うのです。

越後国への流罪

恵信尼は結婚当初、親鸞と一緒の生活をずっと続けていきたいと思っていたことでしょう。なにせ尊敬できる人として以前から知っていたことでしょうから。しかし恵信尼が二十六歳のとき、親鸞は越後国に流されることになってしまいました。それからのことについては、今日の私どもと考えかたの違うところがあります。

どこが違うかと申しますと、鎌倉時代は住む場所が違ったならば夫婦関係が切れても当然であったのです。ですから親鸞が越後国に流されると決まったときに、恵信尼は別れてしまってもおかしくなかったのです。今日風にいえば離婚です。離婚しても誰に咎《とが》められることもありません。親鸞は越後国でまた奥さんを見つけることになります。見つけるつもりがあればですが。当時はそのような社会だったのです。

親鸞絵像（「安城の御影」西本願寺蔵）

しかし恵信尼は親鸞について行くことにしたのです。つまり、ついていく道を自分で選択したのです。京都にいれば三善家が生活を保証してくれます。今までどおりの生活水準が維持できます。京都に比べれば越後国の生活水準は低かったでしょうね。まして流人となっていくのです。貴族の娘ですから「嫌です、ついて行きたくありません」といっても誰も文句はいいません。しかし恵信尼はついて行ったのです。

恵信尼はどうしてそのように決心したのでしょうか。推測すれば、夫として魅力ある親鸞だったからではないかと思います。「一緒に行きましょう、それだけの価値がある夫ですから」と。「越後国へ行ったら、もしかしたら自分でご飯を作らなければいけないかもしれません。でも、やりましょう」ということなのでしょう。これを現代風にいえば、恵信尼二十六歳の決断ということになります。

三　関東時代の恵信尼

関東への移住

親鸞は四十二歳のときに一家をあげて越後から関東へまいります。関東での生活の中心は常陸国です。ご承知のように、親鸞がなぜ関東へ行こうとしたかということについては、『最須敬重絵詞《さいしゆきようじゆうえし》』に、

事の縁ありて東国にこえ、

とある程度のことしか知られていません。詳しいことはわかりませんが、親鸞が関東へ移ろうと決心したとき、恵信尼は三十三歳でした。結婚してから十年くらいたっています。

このとき、関東へ行こうと強くいったのは恵信尼ではなく親鸞であったことは、まず間違いないですね。念仏布教のためでしょうか。でも恵信尼の立場からすると複雑なものがあったはずです。「私はもうけっこうです。京都へ帰って貴族の普通の生活に戻りたいのです。子どもたちにも教育を受けさせたいのです。あなたにはこの田舎で十分に尽くしました。関東へ行きたければお一人でどうぞ」という選択肢もあったはずです。

昔は現在のように役所へ婚姻届を出しているわけではありませんから、別れればそれは

それでそれっきりです。私は恵信尼は悩んだと思うのです。「越後からまた関東へ行くのか。これから生活はどうなるだろう。また、ことばも違う」。

私も茨城県に住んで二十三年になります。正直いって最初のころは地元の方のことばがよくわかりませんでした。勤務先の茨城大学へ行っているかぎり（今は筑波大学ですが）共通語ですみます。しかし外へ出ると、特に農村部ではことばはわかりませんでした。恵信尼にしてみても、それをどうしよう、という心配があったはずです。

恵信尼は結婚して十年くらいたっていますから、もう結婚生活とはどのようなものかわかっていたと思います。皆様、妻でも夫でも、お互いに十年たてばわかりますね。いくら親鸞が偉いと思っても、「越後国へついてきただけだってたいへんだったのに、また関東へ一緒に行くなんて、もう勘弁してほしい」と恵信尼が思っても仕方がなかったと私は思うのです。そう決心したとしても、誰も恵信尼を責めることはできないと強く思います。

常陸国下妻での夢

しかし、恵信尼は三十三歳のときに関東へ入ったばかりのところで新たに決心し直した、と私は思っております。それは親鸞を人生の同伴者としてもう一度選び直したということなのです。「この人と一緒に生きていこう」ともう一度決心したのです。そのことが恵信尼の同じ手紙のなかに出てくると私は考えております。

その手紙には、親鸞・恵信尼一家が関東へ来て常陸国の下妻の幸井の郷という所へ行ったとき、恵信尼は夢を見たとあります。幸井というのは、現在は坂井と表記しています。茨城県下妻市坂井です。

鎌倉時代は、もっと広くいって中世は、夢というのは現実のことでした。架空のことではなく、ほんとうにあることと考えられていました。夢と現実の区別はつきませんでした。つけようとしなかった、というのが正確なところかもしれません。そのころには、夢を見たらすぐ書き留めておかなければいけないと考えている人もいました。しかし文字が書けない人も多かったはずですし、そういう人はどうするんだということにもなりますが。夢を書き留めておかなければいけないというのは、文字を書ける知識人の考えでしょうね。

恵信尼の夢は次のようなものだったそうです。新しい阿弥陀堂が建てられていて、その落慶法要と申しますか、堂供養の準備がされている。そしてそれは夜のことで、宵祭り、つまりは堂供養の前夜祭らしい、と恵信尼は夢のなかで思っているのです。お堂は東向きに建っていて、そこに松明《たいまつ》があかあかと燃えている。お堂の前には鳥居のようなものが建っている。お堂の前に鳥居が建っているのは変なのですが、とにかく鳥居が建っていて、それの横棒のようなものに二体の仏の絵が掛かっている。一体は仏の頭光のようにただ光っているだけで、顔の様子はわからない。もう一体はちゃんと顔がある。不審に思った恵信尼は夢のなかで質問したのです。「あれはいったいどなたでしょうか。どういう仏様でしょうか」。そうしましたら、誰ともわかりませんが答えてくれる人がいました。

あの光ばかりにてわたらせ給は、あれこそ法然上人にてわたらせ給へ。勢至菩薩にてわたらせ給ぞかし

「あの光ばかりのかたは、あれこそ法然上人です。勢至菩薩の生まれ変わりですよ」と答えがありました。法然は多くの人びとに尊敬されていて、存命中から、勢至菩薩の生まれ変わりであるという説がありました。阿弥陀仏の生まれ変わりであるという説もあったのですが、勢至菩薩の生まれ変わりであるという説の方が広まっていました。

勢至菩薩というのはいったいどのような菩薩かといいますと、阿弥陀仏が持っている智恵、人生を見とおす智恵、宇宙を見とおす智恵、どうすれば一生をよりよく生きていけるか、そういう智恵を形に表わしたものです。それが勢至菩薩なのです。人間のような姿をとっていますが、あれは私たちがいかに生きていったらいいかということを形に表わしたものです。「智恵の光」という表現もありまして、智恵は光で表現することもあります。絵像ですとよくわかりますね。それでお顔がわからない光だけの姿が勢至菩薩、つまりは法然ということになるのでしょう。

阿弥陀仏のもう一方の脇侍である観音菩薩は、それに対して、慈悲の働きを表わすといわれております。阿弥陀仏の慈悲の力です。余談でありますが、私ども日本人というのはかなりいい加減なところがありまして、「慈悲」についてもおおざっぱにとらえてきました。皆様、「慈悲」とは何でしょうか。慈悲とは本来何でしょうかと問われたときに、どう答えますか。慈悲は慈悲ですよ、大事にしてあげるとか、そういうことですよ、というような返事になってしまうでしょう。しかし、そうではないのです。

本来、「慈悲」は「慈」と「悲」とから成り立っています。「慈」とは慈しむという字で、「悲」は悲しいという字です。この二つは意味が違います。どのように違うかといいますと、慈というのは困っている人がいたときに、何か差し上げて救ってあげることです。苦しんでいる人、泣いている人、困っている人に、その人が求めている物をあげるのです。それが「慈」です。悲は逆の働きです。相手の苦しみを自分の苦しみとして受け取ってあげる。相手の悲しみを自分の悲しみとして一緒に泣いてあげる。それが「悲」です。これは人間生活ではとても大事なことだと思います。相手のために特に何ができるわけでなくとも、苦しんでいる、困っている人の話を聞いてあげる。聞いてもらうだけで気持が楽になるということがあるのではありませんか。この働きが「悲」です。

このように、本来、「慈」と「悲」とは違うのですが、日本人はこういった部分についてはあまり細かく考えません。まあいいではないかということで今日まで来てしまいました。しかし、「慈悲」は大切にしてきたと思います。この慈悲を形に表わしたのが観音菩薩です。

恵信尼は、光としての法然のことを知った上で、こんどは顔がある仏の絵像について「あれは何という仏様でしょうか」と尋ねたのです。するとまた空中から返事がありました。それは、

あれは観音にてわたらせ給ぞかし。あれこそ善信の御房よ

「あれは観音様です。あれこそ親鸞さんですよ」という返事だったのです。善信というのは親鸞のもう一つの名前です。この返事を聞いた恵信尼は、はっとびっくりするわけですね。それで、

うちおどろきて候しにこそ、夢にて候けり、

と手紙には書いてあるのです。

「うちおどろきて」というのは、打たれたように驚いた、という意味です。「おどろい」た、というのは確かに驚いたのですけれども、昔の人の「おどろい」たというのは現在とは多少意味が違います。はっと目がさめることを驚くといったのです。はっとびっくりしていきなり目がさめるのを、昔の人は「おどろく」といったのです。「あれこそ善信の御

房よ」といわれて、そうだったのかと思い、感動して目がさめたということなのです。そしてそれだけではなく、この夢には恵信尼のそれからの生活にとって重要な意味があったと思うのです。

親鸞は観音菩薩の生まれ変わりであるということがわかりました。その親鸞は、阿弥陀堂の前に、勢至菩薩の生まれ変わりである法然と一緒に並んでいるのです。恵信尼は親鸞のことを尊敬していたでしょうけれど、しかし、もともと念仏の教えを初めに受けたのは法然からです。それに親鸞も、おりに触れて法然に対する尊敬のことばを口にしていたでしょう。その法然と同じ立場にいるのが自分の夫である親鸞。そうだったのか。恵信尼は、自分の夫は尊敬する法然と同じ立場といえる観音菩薩の生まれ変わりであったのか、と関東の入り口で思い知るのです。

では、なぜ関東の入り口でこのような夢を見たのでしょう。下妻は常陸国ですから、厳密にいえば越後国から関東に入るさいの入り口とは違うかもしれません。どのようなコースで越後国から関東へ来たかにもよりますが、でも、関東へ入るについての入り口といってよいと思います。あるいは関東へ入ってからも逡巡し続けていた恵信尼、という解釈もできると思います。しかし何の悩みでしょうか。

従来、この下妻での夢につきましては、親鸞は六角堂の夢告によって恵信尼のことを観音菩薩と思っていたし、恵信尼も親鸞を観音菩薩と知り、夫婦お互いに観音菩薩と思って尊敬しあっていたというようにいわれてきました。そのような解釈でもよろしいのでしょうけれども、私の考えは、もう少し恵信尼寄りの立場に立ってみると、違うことが見えてくるのではないかということなのです。なぜわざわざ関東の入り口でそのような夢を見たのか。単に親鸞を観音菩薩とするだけなら、その夢は結婚当初京都で見てもよかったではないかということなのです。「ああ、いい人と結婚できてよかった」というような気持ですね。なぜ十年もたってから、しかも関東の入り口でこの夢を見たのでしょう。

それはやはり、十年も連れ添えば自分の夫について、いくら最初に尊敬したとしても、少し飽きがきたりしたこともあったのではないかと思うのです。それに恵信尼の生活の悩み。関東へ行って生活できるのかという深刻な悩み。しかしそれらの逡巡する気持を一度に変えてしまったのがこの

小島草庵跡から筑波山を望む（茨城県下妻市）

下妻での夢だと思います。

自分の意識のなかで軽くなり始めていた夫が尊敬する法然と一緒に並んでいる。しかも観音菩薩の生まれ変わりであった。「これなら一緒にやっていける、これなら一緒に関東で苦労しよう」と思い直したのではないでしょうか。自分の夫を再び自分の意志で選び直したのではないでしょうか。恵信尼三十三歳の決意の表明。それがこの夢であろうと私は思うのです。

恵信尼の立場に立ってみますと、彼女は夫の主導のもとに生活をしてきたわけですね。その上で、自分自身としてはどう生きるかという悩みです。前に申し上げましたように、関東へ行けば自分でご飯を作らなければいけないかもしれない。育児はどうしよう。子どもが無学になるかもしれない。恵信尼は京都の貴族の娘として教育を受けてきたけれど、関東へ行ったらそういう保証はありませんね。恵信尼としてはせっぱつまった状況で、関東へ入ってからもためらっていた。ああ、とうとう関東へ来てしまった、どうしよう、と。

このような状況のなかでもう一度決心し直すことができた。その決心のきっかけが下妻での夢だと思います。自分の夫が観音菩薩の生まれ変わりというのは、まあ、それ以前から感じていたのかもしれません。そう思いたいということだったのかもしれません。でもいずれにしても、下妻で自分の夫が尊敬できると実感しました。それで以後親鸞との夫婦生活を八十何歳まで続けることができたということであろうと思うのです。

親鸞も偉いと思いますね。十年あまり恵信尼をそこまで見守ってきたということでしょう。親鸞の立場からいうと、九歳年下の妻が自分に近づいて来てくれるのを待っていた、そういった感じもいたします。

関東での生活

親鸞と恵信尼の一家が関東でどんな所に住んでいたか、全部はわかりません。一番長く住んでいたのは笠間市の稲田だろうと思います。親鸞には、昔から親鸞聖人門弟二十四輩と申しまして、二十四人のすぐれた門弟がいたといわれています。「二十四」は「二十し」ではなく「二十よ」と読みます。二十四輩の伝統は今日まで続いています。もちろん、二十四輩だけではなく、他にもすぐれた門弟はいました。

そういった最初のころの弟子たちの住んでいた所は、ちょうど稲田を中心にした三十五、六キロ、あるいは四十キロくらいの円のなかにほとんど全部入るのです。親鸞は歩いて教えを伝えに行ったのでしょう。人間は一時間にどのくらい歩けるかというと、四キロあるいは五キロです。四キロとすると目的地まで四十キロで十時間かかります。五キロなら八時間、もっと早く歩けば七時間。つまり朝に稲田を出て、夕方に目的地に到着します。門徒の人たちは昼間は働いています。そこで親鸞は夜に教えを説き、翌朝見送られて帰るという一泊二日の日程の念仏布教の活動をしていたと私は思うのです。

その留守の間、草庵を守っていたのが恵信尼ということになります。ですから、のちの時代風にいえば坊守としての恵信尼ということになります。また五人ほどの子どもを育てるのはなかなかたいへんですね。いくら昔はほったらかしだったといっても、そうもいきません。それに将来、京都へ連れていっても大丈夫なように教育もしなければなりません。最後に生まれたのが「王」という名前の覚信尼です。その子どもたちを育てて二十年というとき、親鸞が京都へ帰るという事態になります。

常陸国に残る恵信尼

六十歳のころ、親鸞は京都へ帰ります。親鸞に関する伝記には、『善信上人絵』に、

聖人、東関の堺を出て、花城の路に赴ましくけり。

などとあるように、あっさりと書かれています。京都へ帰ることになった事情については、詳しいことはわかりません。そこで昔からいろいろな人たちが推測を加えています。親鸞が関東へ来ることになった事情について推測が加えられているのと同じです。

恵信尼は五十歳少し過ぎですね。そのとき恵信尼がどうしたかについての確実なことも、

依然として謎です。親鸞と一緒に京都へ帰ったという説とか、常陸国に残った、越後国へ移った、などという説があります。最終的には越後国へ移ります。私はこのときは恵信尼は常陸国に残ったと思っています。

見返り橋（茨城県笠間市稲田）

笠間の稲田草庵の伝統を受け継ぐ西念寺の近くに、見返り橋の伝説というのがあります。親鸞が一人で京都へ帰ることになり、恵信尼をはじめ家族や門弟たちが見送っている。歩き始めた親鸞が振り返って別れを惜しんだのが小川にかかる橋の上であると。いまでも西念寺の西側のたんぼのなかに見返り橋があります。いまはもう、コンクリートの橋です。実は近年に耕地整理が行なわれまして、見返り橋の位置も少し変わり、川もほとんどなくなりました。川が完全になくなってしまうと伝説を語るには具合が悪いからでしょう、ほんのわずかの長さの「川」が残されました。江戸時代の図面を見ると、これまた見返り橋の位置が異なっています。最低二回は見返り橋の位置が変わっているので苦笑いさせられます。

また恵信尼については、中世に描かれた古い絵像が三点残されています。西念寺と水戸市の善重寺と、それから龍谷大学図書館の所蔵です。いずれも、やさしげな、年配の尼さんの姿です。そしてこれらは全部、もとは関東に伝来されてきた絵像なのです。

さらに、恵信尼は関東の門弟たちにどのように思われていたかという問題があります。私の考えでは、恵信尼は門弟にたいへん親しまれていたと思います。室町時代に書かれた『親鸞聖人御因縁』という本があります。これは関東の伝説を文字にしたものだと宮崎円遵氏が「『親鸞聖人御因縁』並に『秘伝抄』について」という論文でおっしゃっています。その『親鸞聖人御因縁』のなかに、恵信尼ではなく玉日《たまひ》姫という名前になっていますが、結婚したばかりのころ、法然が恵信尼を見て、
子細なき坊守なり、

「文句のつけようのない立派な坊守ですね」といったという話が載っています。

つまり関東では、恵信尼はたいへんすぐれた坊守さんとして伝えられていったということなのです。もし関東の人間に嫌われていたとしたら、そのような恵信尼に好意的な伝説は残っていかなかったのではないかと私は思うのです。

やさしげな年配の尼さん姿の何点かの絵像。見返り橋の伝説。そういったことを合わせ

て考えますと、ここから先はまったくの推測なのですが、親鸞が京都へ帰りたいといったとき、恵信尼は、「ええ、どうぞ、私は残ります」といったのではないかという気がしております。その方が自然のような気がします。ここには、夫婦は常に一緒にいなければならないものなのかという非常に微妙な問題が絡みます。

四　恵信尼の信仰

ここで恵信尼の信仰について、少しだけ申し上げておきます。恵信尼は、極楽はどういう所かということについて、八十七歳のときの最後の手紙に書いています。極楽は、

なに事も暗からずこそ候はんずれ。

「何も暗いことはありません、すべて明るい所です」というのです。「なに事も暗からずこそ候はんずれ」という表現では、文法的に見ると、暗くはないということを強調しているのです。極楽は明るいと直接にはいっていないのです。

恵信尼は亡くなる最後までいろいろ苦労したので、現世の暗い部分を数かぎりなく見てきたのでしょう。ですから、極楽は明るいと単純にはいえなかったのではないでしょうか。暗くはないという表現には、極楽に高望みをしていないことが感じられるのです。

五　おわりに

今回申し上げたかったのは、人間として自立した恵信尼です。恵信尼は親鸞と一緒に生活をするという道を自分の意志で選び取った。そのために努力して人生を過ごした人であるということです。

ではその結果、親鸞は恵信尼からどういう影響を受けたのでしょうか。恵信尼を人生の伴侶としていたことにより、親鸞の信仰はどのような影響を受けたのでしょうか。それは単純にいって、恵信尼がいたからこそ、あるいは子どもたちがいたからこそ、親鸞の今日に伝えられている信仰があったと思うのです。

親鸞と善鸞——関東に送られた息子の立場から——

一　はじめに

親鸞の息子善鸞のことを中心にお話を申し上げたいと思います。善鸞はいままで、「親鸞の子でありながら父の期待に背き、勘当（義絶）された」といわれてきました。お前は悪い、と善鸞はいわれ続けてきましたが、しかし善鸞自身が残した確実な資料は一つもないのです。ですから善鸞自身には弁明の機会が与えられていない、完全な欠席裁判でした。昔はそれですみました。でも現代ではそうはいかないだろうと、私は思っております。

早い話、家族のなかに悪い息子がいたとして、「お前は悪い」というだけでは問題は解決しません。娘を「お前は悪い娘だ」と突き放すだけでは済みませんね。父親としては、母親としては、何とかしなくてはいけない。

まず、息子がほんとうに悪いのか、確認しなければいけない。娘がほんとうに悪いのか。

ほんとうに悪いならば、何とかしなくてはいけない。でも「悪い」というのは誤解かもしれない。いずれにしても、父親にかぎらず家族としてはその子どもを理由なくして家族のなかから放り出すことはできないだろう、と思うのです。

善鸞を悪者にしたままでいいのでしょうか。善鸞を悪者として放り出したままでいいのでしょうか。親鸞から勘当されたとしたら、善鸞はどうなるのでしょうか。当然、善鸞に救いはありませんね。阿弥陀仏の救いはないということになります、論理的にいいますと。でも私たちはそれで納得できるのでしょうか。

善鸞が悪い人間であったかどうかについて、事実の誤認はなかったのでしょうか。本人の弁解の機会は今まで一回もなかったのです。でも、もし、この会場へ来てもらって「いや、私はこれこれこういうふうに九十歳近い人生を送ったのです」という話をしてもらえれば、私たちは善鸞にまた違う印象を持つかもしれません。

私は、現代社会に生きる人間の立場から善鸞についての問題を見直したいと思うのです。これは過去の事実をねじまげて考えようというのではありません。資料を無理にねじまげて、善鸞はいい人であったというつもりはまったくないのです。実際はどうだったのかということを、いろいろな資料、たとえば親鸞の四十通あまりの手紙や『慕帰絵詞《ぼきえし》』『最須敬重絵詞』などの伝記等からなるべく客観的に考えていきたいのです。

その際には、当時の社会のあり方や慣習、常識などを正確に把握していかなければなりません。その理由は簡単です。例えば私たちが現代の問題を考えていく際には、江戸時代の常識や慣習で現代人が動いているとは誰も考えないはずです。それなら、鎌倉時代の親鸞・善鸞のことを考えるなら、鎌倉時代の社会を正確に把握するように努めなければならないでしょう。

善鸞墓所（福島県西白河郡泉崎村）

そのような調査をした上で善鸞のことを考えても遅くはないでしょうし、さらには親鸞の家族全体のことを考えても遅くはないだろうと私は考えます。

もちろん、すでに重松明久氏が「善鸞の宗教的立場(1)〜(5)」（『金沢文庫研究』一三七―一四一、昭和四十二年）で善鸞は戒律を守って善根を積み、そのうえで念仏を説いたと説かれたように、善鸞に関する研究は数多くあります。平松令三氏は、その著『聖典セミナー「親鸞聖人絵伝」』（平成九年）で、第二次大戦後の親鸞の伝記研究は善鸞に関する事件の究明をめぐるものが多く、この事件の研究が親鸞伝の研究を発展させたといっても過言ではない、といっておられます。

ただ学問は時代の進展に従って進むべきものです。特に新たな時代の問題関心に沿って研究の観点自体を考え直していくべきものでしょう。私はそういうことから、現代社会のなかでの善鸞ということを考えるべきだと思うのです。

二　現代と浄土真宗

浄土真宗史のあり方

浄土真宗教団として将来の世に伝えていくべきは、「浄土真宗教学」と「浄土真宗史」でしょう。しかしこの二つは観点を変えて把握すべきことであると思います。「浄土真宗教学」は教団としての不変の真理を説くものであって、どの時代であっても、社会がどう変わっても人間を導く真理として変わらないと考えるべきであると思います。教学の個々の内容では論争があったりするでしょうけれども、教団の不変の真理であることに異論はなかろうと思います。

ただ問題は「浄土真宗史」といわれているものであります。正直なところ、これがなかなか難物であります。教団のなかでの浄土真宗の歴史というのは変えるのがむずかしいだろうとは思います。例えば各地の寺院の開山は親鸞で開基は誰々、ということを調査してみますと、事実とは違うということがあります。しかし浄土真宗としての、そのお寺の由来を語る話としてはそのとおりでもかまわないと思うのです。厳密に事実関係をあばくことにどのような信仰上の意味があるのか？　ということです。

しかし浄土真宗史は日本史の一部であります。その日本の歴史全体から見ますと別の考えかたができるのではないか、教団の観点とは異なる見かたを取らなければいけないこともあるのではないか、ということなのです。つまり浄土真宗の歴史は二種類あると考えるべきではないでしょうか。まず、組織として教団として守っていかなければいけない歴史があります。それと、時代が変わっていくに従って変わらざるをえないような浄土真宗の歴史もあるだろうということです。

時代が変わっていくに従って歴史が変わるなんて、そんなことはあるはずがないだろう、とおっしゃる方もいらっしゃるかもしれません。しかし歴史というのは時代によって変わるのです。厳密にいえば過去の歴史に対する見かたが変わるのです。例えば鎌倉時代のできごとの事実関係はもちろん変わりません。変わりようがありません。しかし私たちの生きる現代社会が少しずつ変わっていくのに対応するように、鎌倉時代についての見かたも少しずつ変わっていくのです。早い話、日本の国の成立について、第二次大戦以前の見かたと現代の見かたとでは異なっていますね。このように、時代が変われば歴史に対する見かたも変わるのです。

それなら浄土真宗史も、さらにいえば親鸞やその家族のことについても、鎌倉時代ひいては日本の歴史の一部であるかぎり、やはり見かたが変わらざるをえないようなところもあるということになります。それはどういうことでしょうか。

例えば江戸時代に、離婚について「三行半《みくだりはん》」というものがありましたね。夫が妻に突きつけた離婚状というわけです。「私の勝手でお前を離縁する」と書いてあります。自分の勝手で妻を離縁できるなんて何と江戸時代の男は横暴だったんだ、といわれてきました。

しかし近年の研究により、その見かたは誤りだということがわかってきました。つまり「三行半」は夫が妻に突きつけたのではなく、妻が夫に書くことを要求したのです。妻が再婚するときに前の夫が未練たらしくいちゃもんをつけるのはお断わり、ということなのです。縁を切ったということをはっきりしてほしかった、ということなのです。そして離婚の原因は妻にあるのではない。妻が悪いのではなくて原因は夫にある、というのが「私の勝手」という文の意味なのです。これが先ほど申し上げた歴史が変わるということの意味です。事実は変わらなくても、見かたは変わるのです。

そこで当然ながら浄土真宗史も現代の歴史学の成果に合わせて検討し直していく必要があるだろうということであります。かつては、「善鸞は親不孝者だ、では勘当してしまえ」であった方がよかった時代があったのです。

しかし現代のような形で家族関係が社会の重大な問題として立ち現われている時代に、「親不孝」の一言で切り捨てることはできません。それでは社会の進展にとり残される恐れがあります。社会の進展に負けないように、私たちの意識も進展させていかなければならないのです。

それからもう一つ、茨城県に住んでいる者として重要な事がらがあります。善鸞の問題につきましては、遠方の人たちは「善鸞？　ん？　そうか、親不孝者か」といい捨てても、それで済んでしまうと思うのです。しかし茨城県を含む関東ではそうはいきません。善鸞のことはこの関東地方のなかで抱えている問題であろうと私は思います。他人ごとではありません。自分の家族だったならば、この子は悪いヤツです、では済みません。その子を救うにはどうしたらいいかを考えなければなりません。それと同じで、私たちは善鸞をどうすればいいのかについて考えなければならないのです。それにはまず浄土真宗史のなかで事実関係を明らかにし直さなければなりません。

善鸞異義事件

善鸞に関する問題は、従来から、善鸞異義事件といっていますので、今回もそのことばを使いたいと思います。これから善鸞異義事件に対する従来の考えかたを見ていきます。

親鸞の帰洛後十数年しまして、東国の門弟のなかで信仰が乱れたといわれています。それを正すため親鸞は息子善鸞を自分の代理として送った、ということですね。そのころ親鸞はもう八十歳近くですから、とても自分で走りまわって問題を解決するために活動をすることは無理でしょう。そこで信頼していた自分の息子を送ったのです。

そのころの善鸞の年齢は、四十代の終わりだったと思います。善鸞が開基とされているお寺が西日本にいくつかあります。そこではもっと年齢が若いようになっておりますが、私はその説は採りません。それは善鸞が恵信尼の実子であることを前提にして考え出された年齢にみえるからです。しかもその場合、恵信尼は越後の豪族の娘であるとされています。私は善鸞は恵信尼の実子ではないと考えております。

関東に移った善鸞は、誤った信仰に走り、門徒たちを惑わし、親鸞を嘘つきにし、また門徒たちを鎌倉幕府に訴えるなどしたといわれてきました。また親鸞は夜中にこっそり善鸞だけに正しい教えを伝えてくれたと言いふらしたそうです。これを「夜中の法門」といいまして、それは親鸞の建長八年五月二十九日付の手紙に出てきます。ただしこの手紙はほんとうに親鸞が書いたものか疑問があります。とにかくその手紙には、善鸞が私だけが正しい教えをこっそり教えてもらったといっている、と書いてあります。

関東の門弟たちは、いままで自分が聞いていた教えは嘘だったのか、親鸞はどうして正しい教えを伝えてくれなかったのか、と怒っていると親鸞は嘆いたというのです。あるいは善鸞は阿弥陀仏の第十八願をしぼんだ花にたとえて門弟たちに念仏を捨てさせたという話もありますね。

はじめは半信半疑であった親鸞も、やがてそれがほんとうだと考えて勘当し、

今は、親といふことあるべからず、子と思ふこと、思い切りたり。

「もう私はお前の親ではない、私もお前を子とは思わない」と宣言したと手紙には書いてあります。

三　五月二十九日付「親鸞書状」の再検討

それでは、五月二十九日付「親鸞書状」（通称「善鸞義絶状」）について少し詳しく検討してみようと思います。

善鸞の勘当に関する資料は二つあります。一つは性信宛の手紙です。性信というのは親

鸞の高弟で、のちに二十四輩第一とされた人物です。この手紙は「義絶通告状」といわれております。性信宛に、「もう善鸞は勘当したから、それを承知しておいてほしい。またそれを皆さんに伝えてほしい」と記した内容です。ただし今日伝えられているのは親鸞の自筆ではありません。室町時代の写本です。その点、問題は残ります。もう一通が「義絶状」として知られている同じ五月二十九日付の手紙です。

この「義絶状」は大正十年（一九二一）に高田本山の宝庫から発見されました。それ以前はまったく知られていませんでした。そして筆跡から高田派の三代にあたる顕智の書写であることが確認されております。書写されましたのは、奥書によって嘉元三年（一三〇五）七月二十七日ということがわかります。

それでは後者の五月二十九日付の手紙について、検討したいと思います。それは、まず、

おほせられたる事、くはしく聞きて候。

「おっしゃったことは詳しく聞きました」という文から始まります。この手紙は善鸞の手紙に対する返事という性格のものです。文章の途中を略しまして、

また慈信房の法門のやう、名目をだにも聞かず、知らぬ事

「慈信（善鸞）の説いている教えは、そんなことはまったく聞いたことがありません、私の教えではありません」とあります。続いて、

慈信一人に、夜、親鸞が教えたるなりと、人に、慈信房、申されて候とて、これにも、常陸・下野の人〴〵は、みな、親鸞が、虚言を申したる由を、申しあはれて候

「善鸞一人に夜中にこっそりと親鸞が教えてくれた、とあなた（善鸞）は皆にいっています。それで私についても、常陸・下野の門徒たちは、皆、私が嘘をついていたのだといい合っています。あなたはとんでもないことをしているのです」。

今は父子の義は、あるべからず候。

「もう親でもなければ子でもありません、親子の縁を切ります」。このように親鸞は宣言したといいます。この発想はちょっと短絡的かと思いますが、しかし信仰にかかわることは大切なことだからというのでしょうね。

又、母の尼にも、不思議の虚言を、言ひつけられたること、申すかぎりなきこと、あさましう候。

「また、お母さん（恵信尼）も嘘をついていると母も悪者にしているのは、いい様がなくあさましいことです」。このように親鸞はいったといいます。

ところで、この五月二十九日付の手紙は親鸞のほんとうの手紙とは思えないと批判する人たちは、主に次の四点を主張しています。

それは第一に、この手紙が前半は候文ですけれど、後半は「――なり」という形である

親鸞（中央）・善鸞（右）・顕智（左）（『慕帰絵詞』第4巻8紙。西本願寺蔵）

ことです。文体が違っていますので、一人の人間が書いた手紙とは考えがたいということです。第二は、義絶のことが二回にわたって記されているのは、どうも重複している感じで、親鸞がすっきりと書いたとは思えないということです。第三は、五逆の罪にかかわることです。親鸞は五逆の罪をもって善鸞を裁いているが、親鸞ははたしてこのようなことをしたかということです。五逆の罪をもって善鸞を裁けば、善鸞は阿弥陀仏の救いからは外れることになります。親鸞は善鸞を外れっぱなしにするだろうか、と私も思います。第四に、義絶のことを三宝神明に誓うのは親鸞らしくないということです。

主に以上の理由で、いろいろな人たちがこの手紙は親鸞の手紙とは考えられない、偽文書ではないかといっているのです。それではもう少し細かく見てみましょう。

(a)「慈信一人に、夜、親鸞が教えたるなり」という文章も問題となっています。これは「夜中の法門」といわれています。善鸞だけが夜中にこっそり教えてもらったなんて、そんなはずはない。けしからん。こんなことがあっていいか、と問題になってきました。しかし大事なことは夜中にこっそり教えるというのは日本の古来からの習慣なのです。善鸞が親鸞に何を教えられたか、それはわかりませんが、重要なことを夜中にこっそり教えられたということについては非難されるいわれはないのです。

昔の貴族たちが重要な会議を行なうのは夜中でした。夜中の十時ころから夜を徹して会議を行なったのです。なぜかといえば、夜中と申しますのは神聖なときだったのです。なかでも暁のころがもっとも大事な時間でした。

暁のころと申しますのは、現代では明け方の少し明るくなってきたころをいいますね。かつてはそうではなくて、まだ真っ暗な時間帯だったのです。現代風にいいますと、夜中の二時、三時です。それが昔の暁だったのです。それはすなわち、神・仏が出てきてくださると人びとが意識していた時間帯なんですね。天台宗や真言宗の大寺院で「閼伽《あか》の水」を取り替えるのは、夜中に、暁に行ないます。この時間帯は出現してくださった神や仏から何かお告げをもらえるとか、そういうことも期待できる時間だったのです。恵信尼の手紙に、二十九歳の親鸞が京都の六角堂で百日間のお籠りを志したところ、「九十五日のあかつき」に本尊救世観音の「示現にあづからせ給」とありました。この「あかつき」は偶然ではないと思うべきなのです。

昔の貴族たちは、そのように神・仏も臨席してくださる可能性のある夜中に重要な相談をしたということなのです。「慈信一人に、夜、親鸞が教えたるなり」という形式について、非難されるいわれはまったくないということであります。

⒝「継母」につきましては、恵信尼のことを「ははのあま」といっているところが一カ所、それから「ままはは」といったとしているところが二カ所あります。恵信尼と善鸞とは、このころ仲が悪かったということです。

手紙が書かれたとされる建長八年には親鸞は八十三歳になっています。親鸞が八十三歳なら善鸞は五十三歳です。その五十三歳の男が自分の実母と喧嘩して実母を罵《ののし》るときに、「この継母《ままはは》が」なんていうでしょうか。ちょっと考えられませんが、皆様はどう思われるでしょうか。自分のお母さんと喧嘩したときには、こういう場所でいうのははばかられますが、「このクソばばあ」とかいうことはあるにしても、「継母が」なんていうのはまったく罵りのことばにならないだろうというのが私の考えです。また、

継母に、言ゐ惑わされたる

「私の父（親鸞）は継母（恵信尼）にだまされているんです」と善鸞が他人にいったとあります。しかし両親のことについて、特に実母についてこんないい方で他人にいいつけるでしょうか。五十三歳にもなった男が。

(c)　それから善鸞が親鸞の門弟たちの念仏を鎌倉幕府に訴えたという話もあります。念仏を鎌倉幕府に訴えたとして、どういう裁判になるのでしょうか。念仏だけでは裁判にならないんですね。親鸞の他の手紙に「よろづの仏・菩薩をあだにもまふし、おろかにおもひまいらせ」るから「念仏をとゞめむ」とされるのだとあります（九月二日付）。また別の手紙に（七月九日付）、「鎌倉にての御うたへ」などともありますが、善鸞がほんとうに門徒たちを訴えたのか、明確に証明できる資料はありません。かりに訴えたとしても、何を訴えたのか、これをはっきりさせなければならないと思います。

親鸞が教にて、常陸の念仏まふす人〲を損ぜよと、慈信房に教えたると、鎌倉まで聞こえむこと、あさまし〲。

「親鸞の教えで常陸の念仏者を惑わせと親鸞が善鸞に教えました、と鎌倉幕府に申し上げたというのは誠にあさましいことだ」とありますが、自分の父親についてそんなことを幕府に訴え出ていったいどうするのだ、と思います。そのようなことから、私はどうもこの

「義絶状」は親鸞の書いたものとして信用することができないのです。

(d) それに善鸞は悪い人間だからどんな策略でもめぐらしただろう、などと考えるのは誤りだと思います。親鸞は三十歳すぎからの善鸞を十数年以上にわたって見てきたのです。その上で信頼して関東に送ったのです。善鸞の性格がそんなにもねじ曲がっていれば、とても自分の代理として送ることはできなかったでしょう。

(e) また、五逆の問題もあります。

親鸞に虚言を申しつけたるは、父を殺すなり。五逆のその一なり。

とありますが、そのようにいい切ることができるか私ははなはだ疑問なのです。そんなに拡大解釈していいのでしょうか。現実に親鸞は殺されていないではありませんか。

(f) それから親鸞が善鸞を勘当したということを「三宝神明に申しきりおわりぬ」とあります。三宝はもちろん仏・法・僧ですから、仏教です。では親鸞は、具体的に誰に対して「申しき」ったのでしょうね。阿弥陀仏ですか？ 阿弥陀仏に息子善鸞を勘当したのはほんとうです、嘘ではありません、と誓ったのでしょうか？

神明と申しますのは日本の神ですね。神道の神々です。でも厳密にいえば、まだ「神道」という教団は成立していませんので、よく「神祇《じんぎ》信仰」ということばが使われています。その神祇信仰の神たちに親鸞が誓いをたてるだろうか、という問題があります。これは筋違いではないか、こんなことはないだろうと私は思うのであります。
(g)「五月二十九日」と「同六月二十七日到来」と「建長八年六月二十七日註之」についても、問題があります。これは、五月二十九日に親鸞が善鸞宛に手紙を出して、善鸞が約一カ月後の六月二十七日にそれを受け取ったということを意味する内容です。しかし、こういうことが書いてある親鸞の手紙というのは、親鸞の四十数通の手紙には一つもないのです。いま残っています手紙はすべて親鸞の門弟宛という性格の手紙ばかりで、このようなことがわざわざ記してあるのはこの手紙だけです。
ここには、親鸞から送られた手紙を合理的な日数ののちに確かに受け取った、と読者に思わせたいという意図が感じられるのです。「建長八年」と年号を入れたところや「註之」などと、いかにもわざとらしい気がします。それに年号と花押があると裁判のときにも有効な資料となりますので、年号の記入はそれにかかわるようにも思えます。つまり善鸞の敵方の人間が、善鸞は親鸞に勘当されていて跡を継ぐことはできないのだ、と善鸞の方をおとしめるために書かれたと思われるのです。この点からもこの手紙には作為が感じられます。

この手紙の内容がほんとうのことだとしますと、善鸞にとって、おもしろくないことですね。それに恥ずかしいことですね。もし皆様方がお父さんから勘当するという手紙をもらったら、どういう気持を持つでしょうか。少なくともうれしくはないですね。悲しく思う方もいらっしゃるでしょうし、逆に怒る方もいらっしゃるでしょう。そしてその手紙を人に見せるでしょうか、というのが私の疑問なのです。破るか、くしゃくしゃにするか、人に見えないようにしまっておくか、いずれかでしょう。

それなのに、冷静に「何年何日に到着した」とか、さらにわざわざ年号を入れてもう一度「このことは何年何月何日に記入した」とか書くでしょうか。

それを四十九年後に顕智が見ることができた？　これはいったい何でしょう。あとから申し上げますように、善鸞は東国の親鸞の面授の門弟たちと対立します。敵方の人間にこういった恥ずかしい手紙が渡ってしまっているのはおかしくはないでしょうか。

(h)　私は書写した顕智が偽物を作ったといい切るつもりはありません。しかし、かりに親鸞が建長八年（一二五六）五月二十九日にこの手紙を書いたとして、顕智が書写したのが嘉元三年（一三〇五）七月二十七日ですから、その間四十九年もあります。私はこの年数がどうも解せません。もともと善鸞のことにかかわる親鸞の手紙なり何なりがあったのかもしれませんが、顕智が書写したのはそのとおりの文章ではないであろうと思うのです。内容もそうですし、手紙の形式についてもそうです。

形式につきましては次のような問題があります。この手紙は最初からしばらくの部分は、文章が終わるときに「なんとかで候」とあります。候文なんですね。「おほせられたる事、くはしく聞きて候」で始まっていますね。ところが途中から文体が変わります。例えば、「うたてきなり」とあります。文章が終わるときに、多く、「なり」で終わっているのです。はじめの調子でしたら「うたてく候」とあるべきところです。それが「候」は使われていません。普通はあまりこういうことはないんですよね。一人の人が手紙を書くときは同じ調子で書くものです。ということになると、何か書いてあった二種類の文を、顕智が合わせて書写したとか、そういうことが考えられます。それ以前にすでに誰かが親鸞の手紙として書いておいたことも考えられるのです。

(i)　親鸞の手紙を偽造するなんてことがあるだろうか、という強い意見があります。四十九年後といえば、まだ親鸞八十三歳のときのことを記憶している者もいるはずで、そのようななかで偽物なんて作れないという意見です。でもそうではないのです。偽物はどんどん作られるのです。悪気があって作ると申し上げているのではありません。真剣に偽物を作るのです。筆跡なんていくらでもまねができます。

例にあげて失礼とは思うのですが、親鸞と同じ鎌倉時代に活躍した日蓮の『昭和定本日蓮聖人遺文』全四巻に載せられている日蓮の手紙約八百通のうち、半分は真筆ではありません。つまり偽物です。親鸞の手紙についても同じです。四十九年後とはいわず、二十年後だって十年後だって偽物は作られるのです。

もちろん、偽文書ではないと主張している人も多くいます。岩波の日本古典文学大系『親鸞集　日蓮集』で親鸞の手紙を校注された多屋頼俊氏もその一人です。平松令三氏もそうです。しかし、私にはどうしてもそうは思えないのです。

そのために、次に善鸞と対立した東国の門徒集団の信仰を見ていきたいと思います。

四　親鸞面授の門弟たち

門弟たちの信仰の実態

東国の門徒集団というのは、高田門徒・鹿島門徒・横曾根門徒などです。彼らの中心は、親鸞から直接教えを授けられた、いわゆる面授の人びとです。門徒たちは面授の門弟を指導者にして門徒集団を作っていきました。

高田門徒は真仏が最初の指導者です。真仏の跡を継いだのが顕智です。真仏・顕智ともに親鸞の面授の門弟です。それから横曾根門徒の指導者だった性信がいます。また鹿島門徒の順信もいます。順信は信海ともいいます。

こういった人たちは、常陸国、下野国さらには下総国といったところで活動していました。親鸞から直接教えを受けたことを誇りにし、親鸞の教えに違わないようにと励んでいました。

信仰生活で大切なことのひとつに、師匠に対面して直接の声を聞いて教えを受けるということがあります。当時はことに直接教えを受け、その声が耳の底に残っているということが大切でした。そして門弟たちはそれを誇りにしていました。『歎異抄』の最初に「故親鸞聖人御物語の趣き、耳の底に留まるところ」とあります。耳の底に親鸞のことばが残っているのです。自分は直接聞いたから教えが正しく伝えられているというのです。

面授の門弟を中心とする門徒の人たちは、関東の風土での自分たちの生活のなかに親鸞から直に聞いた教えを生かしていたであろう、ということになります。それはまず、間違いありません。いつの時代でも、それぞれ自分の生活のなかに信仰を受け入れ、生活を土台にしてその信仰を生かしていくものです。

しかし実はそこから先が問題なのです。彼らの信仰は、実際にはどのような様相を呈していたのでしょうか。親鸞の信仰とまったく同一だったのでしょうか。

高田門徒はどうでしたでしょうか。平松令三氏もその著『真宗史論攷』（昭和六十三年）などのなかで強調しておられるように、彼らは善光寺如来の信仰のなかで生きていたのです。真仏・顕智ともに、教学面の詳しい信仰内容はわかりません。彼らが信仰を詳細に記

善光寺聖が集った専修寺如来堂（栃木県二宮町）

述したものは残っておりません。しかし間違いなくいえることは、彼らは善光寺如来を信奉していた、ということです。真仏も顕智も「真仏聖」「顕智聖」とヒジリと呼ばれていました。善光寺聖です。善光寺聖とは、各地をめぐって善光寺如来の信仰を伝えていた宗教者です。その聖たちの根拠地の一つである高田を親鸞が訪れて念仏の教えを説き、ヒジリたちがそれを受け入れたということなのです。

ところで善光寺如来というのは阿弥陀仏ではないんです。それは手の印相でわかります。阿弥陀仏は親指と人差し指、あるいは中指または薬指と結んでいます。両手ともそうです。善光寺如来はそれとは違って、ジャンケンのチョキの形か、五本の指を外に向かって広げているか、どちらかです。これは阿弥陀仏ではありえません。善光寺如来は三尊像なのですが、両脇侍とも両手を上下に重ね合わせています。梵篋の印といいます。これは観音菩薩でもなければ勢至菩薩でもありません。では彼ら高田門徒は親鸞の教えに出会って善光寺如来の信仰を捨てたのでしょうか。どうしたのでしょう。

善光寺如来には「生身の阿弥陀」といういわれ方もあります。これはこの如来は十万億土の彼方の極楽浄土に住んでいるのではなく、信濃国長野の善光寺で現在仏として存在している生身の如来であるというのです。しかしそれと親鸞の阿弥陀仏の教えとは、当然、違います。違いますが、現実には高田門徒はそれを一致させ融合させて生きていたのです。今日に伝わる高田本山安置の鎌倉時代初期のすぐれた善光寺三尊像がそれを物語っています。何より真仏・顕智が、その後も善光寺聖を示す「ヒジリ」と呼ばれていたのですから。

それから鹿島門徒の順信です。彼が住んでいました無量寿寺は、現在の地名でいえば茨城県鹿島郡鉾田町にあります。ここは鹿島神宮から三十キロくらい離れていますが、実は鹿島神宮のお膝元なんですね。鹿島神宮と申しますのは、鎌倉時代に関東の宗教界と世俗界に圧倒的な勢力を持っていました。そうしますと、親鸞から崇拝すべきは阿弥陀仏だけだと説かれても、そこでは鹿島の神を拝まなければ生きていけないのですから、鹿島の神を捨てることは考えられません。そうした状況のなかで、しかし鹿島門徒は常陸国から陸奥国の海岸を伝ってずっと勢力を伸ばしていったといわれています。

ということは、鹿島門徒は鹿島の神を拝んでいるか、少なくとも否定はしなかったであろう、と思われるのです。順信個人はわかりません。拝まないぞ、という意志が強固だったかもしれません。しかし他の大勢の門徒たちは、鹿島の神を拝まなければとても生きていけなかったでしょう。

さらには性信の横曾根門徒も、親鸞の信仰を純粋に受け継いだかどうかには問題があるとしなければなりません。彼らの本拠地の、現在の茨城県水海道市にある報恩寺にしましても、これはもと真言宗のお寺で大楽寺と申しました。いまだに真言宗関係のお仏像が、小さいものですけれどもあります。それは、何百年来そこにあったかどうかわかりませんが、現実に伝えられてきています。

それから、鎌倉時代と南北朝時代に造られた性信の坐像が二体あるのですが、その一体は水海道の報恩寺にあります。もう一体は群馬県邑楽郡板倉町の真言宗の宝福寺にあります。ここは親鸞が一家を引き連れて越後国から関東へ来たときの途中にある地域です。恵信尼の弘長三年二月十日の手紙に「武蔵の国やらん、上野の国やらん、佐貫と申所」とある所と考えられます。この宝福寺には江戸時代に作られた親鸞の木版刷りの手紙もあります。玉日姫の由来を記した巻物もあります。

宝福寺の性信坐像は寄木造で等身大、ひっくりかえしますと底から体内が見えます。すると銘文がたくさん書いてあることがわかります。そこでは性信のことを「先師」と表現しています。昔、浄土真宗では自分の直接の師匠のことを先師といったのです。それを真言宗の僧侶が書いているのです。

そうなりますと、横曾根門徒は浄土真宗の教理と真言宗の教理とを一緒にして融合させて生きていた、ということが推測されるのです。

もちろん、私はいいとか悪いとか申し上げているのではありません。面授の門弟たちは自分は親鸞の信仰を正しく受け継いでいると、本人もまわりもそう思っていたのです。しかし今日から検討してみますと、やはりそれぞれの生活に合わせる形で結果的には変わっている部分があったとしか思えないのです。

呪術の念仏

それから、親鸞の関東での活動が語られる場合に、よくないものとしてあげつらわれることが多い呪術の念仏の問題があります。病気を治したり、安産をさせたり、畑の虫を退散させるために称える念仏のことですね。そのためにお札を飲む、などということもありました。皆様方も私も、そんな科学的でないことに効果があるはずがないし、それを期待するのはよくないと思っていますね。

しかしそれにしても、昔から現在に至るまで執拗といっていいくらい呪術が大きな力を持っているのはなぜなのでしょう。特に、中世の人たちは本気で呪術に効果があると考えていたのでしょうか。それとも、効果がないと知りつつ他に方法がないので、仕方なく呪文を称えたりお札を飲んだりしていたのでしょうか。それを調べていくと、当時、病気を治すために念仏を称える、お札を飲む、そういう方法は、今日風にいうと科学的であると考えられていたということがわかりました。中世の人たちにとっては、呪術は実に合理的な行ないだったのです。

昔から、例えば病気について日本人と中国人では考えかたが違っていました。中国人は、人間が病気になるのは人間も含めた宇宙の「気」が変わり、異常な状態になってしまうからであると考えていました。ですからその「気」を正しく、もとへ戻すような努力をしないと病気は治らない、このように中国人は考えました。

日本人の考えは違いました。病気になるのは外から体内に魔物が入ってくるからだと考えていたのです。病魔ですね。だから病魔を追い出さなければ病気は治らない。そのために追い出すのに効果があると考えられる呪文を称えたり、呪文が込められたお札を飲み込んで祈るという方法を取ったりしたのです。その威力で、直接、病魔を追い出そうというのです。薬を飲むのも、病気を退治するというより追い出すための手段の一つだったのです。念仏も有効な追い出しの手段でした。

昔の人の考えはやはり合理的ではない、と判断するのは誤りでしょう。昔の人はそれが正しく合理的であると考えていたのです。それについては現代人だって似たようなものです。

例えば、現代では多くの病気は病原菌のなせる仕業であると考えられています。ある病気を治すためには薬を飲まなくてはいけない、というのが現代の科学的で合理的な考えかたです。しかし最近では病気についての考えかたは少し変わってきていますね。人間はもともとその病気になる遺伝子を持っているのであって、病気になるのはそれが出て来たからだという考えが強くなっています。ですから、病気にならないようにするためにはその病気の遺伝子が出ないように工夫しなければならない、という考えかたも成立しています。もちろん病気全部ではありませんが。

つまり少し前の私たちの常識だって、もう全部が正しいとはいえなくなっているのです。古代・中世の人たちの病気についての考えかたを笑うことはできません。

そうしますと、いくら親鸞が信心の念仏や報謝の念仏を強く説いても、それが受け入れられるのはなかなかむずかしかったのです。なにせ呪術の念仏は科学的・合理的な行ないだったのですから。親鸞の前ではなるほどと思っても、家に帰ると元の木阿弥ということが多かったと思うのです。

五　善鸞の活動

善鸞の驚き

面授の門弟を中心とする人たちが、自分たちは親鸞の信仰を正しく受け継いでいると思っていても、実際のところ、少しではあっても異なっていた可能性は大きいのです。それは、繰り返しますけれども、親鸞の教えを彼らの生活のなかで受けとめた結果であったのです。

ところで親鸞は六十歳すぎに京都に帰り、善鸞と再会しました。それは善鸞が三十二歳のころです。それから善鸞が東国へ行きますのが五十歳少し前です。善鸞は十数年以上も親鸞の教えを受けたことになります。関東とは異なる京都の雰囲気のなかで、また親鸞との親子関係のなかで、純粋培養的に教えを受けたといえると思います。そして関東での問題について、その善鸞を親鸞が信頼して鎮圧に向かわせたのです。親鸞も善鸞も成功すると考えたでしょうね。

関東へ到着しましたらば善鸞はびっくりしたのではないでしょうか。親鸞面授の門弟が実は善光寺如来を信奉している。「え?・」と驚いたことでしょう。こちらの面授の門弟は真言宗？　「え？」　こちらは鹿島の神を？　「こんなことがあっていいのだろうか」と善鸞は困惑したと思います。そして憤慨もしたでしょう。「こんなはずはない。これは親鸞の教えではない」

「私はつい最近まで親鸞聖人の教えを聞いてきました。私が、いま、皆さんにお伝えしているのがほんとうの親鸞聖人の教えです。面授の門徒たちがずっと親鸞聖人の教えだといっているのは間違っています」と善鸞に強くいわれて、真仏・顕智・性信・順信たちはどう思ったでしょうか。彼らは善鸞の発言をどう受け取ったでしょうか。全員が、「ごもっとも。おっしゃるとおりです。私たちが間違っていました」となったでしょうか。おそらく、そうはなりません。

「これは困った」というのが最初の反応だったと思います。続いて善鸞に対する反感と嫌悪感が強まったと思うのです。「私の教えは親鸞聖人の教えを正しく受け継いでいるはずだ。間違ってなどいない。それなのに京都からやってきた親鸞聖人の息子が、お前は間違っている」という。彼らは生活を背負って、そのなかで親鸞の教えを受け止めているのです。そこへ外からやってきた善鸞に「間違っている」と指摘されてうれしいわけはないでしょう。

善鸞は何のためにやってきたかというと、関東の誤った信仰状況を正そうということだったのですね。では、正すということはいったいどういうことか。それは、真仏・顕智・性信・順信その他の門徒たちに対して、あなたは間違っていると責めることです。そうすると、それは面授の門弟やそのまわりの人びとの面目を潰すということになります。彼らの多くは武士階級の人たちです。地方の領主です。「間違った信仰を正す」ということは、その武士たちに悪口を浴びせ、彼らの面目を潰すということなのです。悪口は今日の私たちが考える以上に重い意味を持っていました。「悪口の咎《とが》」といいまして、鎌倉幕府の法律では犯罪だったのです。日蓮が流罪にされたのはこの「悪口の咎」によるのです。実に深刻な問題なのです。私たちはそのことに気がつくべきだと思うのです。

一方、善鸞は、たとえ犯罪にあたるとしても、誤った信仰を正すべきであると考えたと思われます。それが親鸞から託された任務なのですから。

中太郎の門弟の問題

親鸞の十一月九日付の手紙のなかに、

わがきゝたる法文こそまことにてはあれ、

と善鸞がいったとあります。善鸞は、私が親鸞聖人から聞いた教えこそ正しい、といっているのです。続いて、

ひごろの念仏はみないたづら事なり

「いままであなたがたが称えていた念仏は間違っている」と説きました。そして善鸞の説得を受けた「おほぶの中太郎のかたの人〴〵は、九十なむ人とかや、みな慈信坊のかたへとて、中太郎入道をすてたるとかやきゝ候」――大部の中太郎の弟子になっている人たちの九十何人かは、みな、中太郎を捨てて善鸞のもとに走ってしまったというのです。

平太郎屋敷跡（茨城県水戸市飯富町）

　大部は飯富とも書きます。現在の水戸市飯富町です。大部（おおぶ）→飯富（おぶ）→飯富（いいとみ）と変わっていったようです。また中太郎は平太郎ではないかといわれています。この親鸞の手紙は原本はなく、写ししか残っておりません。そこで写したときの運筆の関係で「平」と書くべきところを「中」と書いてしまったのではないかというのです。

　つまり大部の中太郎の弟子が九十何人も善鸞に

取られてしまった、ということですね。けしからんと中太郎は怒るし、親鸞もけしからんといっています。善鸞は悪い人間だというのが今日までの解釈でした。しかし善鸞の側に立ってみましょう。いったい彼の何が悪かったのでしょうか。誤った信仰を正しただけではありませんか。なるほど善鸞のいうことがもっともだという者たちが中太郎のもとを離れたのです。

それに、中太郎の弟子を取ってけしからんと憤慨するのは、この辺の地域の人はあまり信仰上の能力がない、考える能力も低いということが前提にあるのではないでしょうか。主体性がないということですね。

私の考えは違うのです。この地域の人たちに能力がなくて善鸞にだまされたのではなくて、善鸞のいうことが正しいから、善鸞のいうことがもっともだということでそちらへ移ったと考えるべきだということなのです。もちろん正確な事情はまだわかっていませんが、少なくとも善鸞はけしからんと簡単にいい切っていいだろうか、というのが私の強い疑問であります。

人間関係のもつれ

善鸞が親鸞の代理として関東へ行って信仰を正すことで、一つには面授の門弟の面目を潰す結果を生むことになったのでした。もう一つは、弟子たちを奪い取る、いってみれば門弟の財産を取ってしまうという結果も生みました。当然、それに対する反発がきます。

でも、もし善鸞が関東の生まれで関東で育った人であったら、もう少し様子が違ったであろうと私は思うのです。成人した若様のお帰りということで歓迎を受け、善鸞に味方する人たちも出たのではないでしょうか。

しかし資料に残っているかぎり、それはありませんでした。ということは、善鸞は京都で生まれて京都で育って五十歳近くまですごした、そして初めてかどうかわかりませんが、五十歳近くになって本格的に関東に来たといえるだろうと考えられます。そしてなじみのない地で、なじみのない人たちと、まじめな善鸞は人間関係のもつれを起こしてしまったのではないかと思います。

門弟たちは善鸞を声高に非難するようになりました。そして親鸞に訴えるようになりました。「あの善鸞というあなたの息子はたいへんけしからん」と。いいにくいことだけれどもけしからん、と諸門弟たちが繰り返し繰り返しいえば、親鸞も考えますね。こんなに評判が悪いのかと。

でも親鸞の四十数通の手紙のなかには、善鸞のいうことと他の門弟たちのいうこととどちらが正しいか迷っている、そういう内容の手紙もあります。十一月九日付の善鸞宛の手紙などには明らかにそのことが記されています。「真仏坊、性信坊、入信坊、このひとぐ〵のことうけたまはりさふらふ。かへすぐ〵なげきおぼえさふらへども、ちからをよばずさふらふ。（中略）ひとぐ〵のおなじこゝろならずさふらへば、とかくまふすにをよばず」――真仏坊・性信坊・入信坊たちの信仰が変わったということを聞きました。とても残念ですけれども、仕方がありません。彼らは信仰が変わってしまって私と同じではないようですので、いまさらいうこともありません。

この手紙は、善鸞が真仏坊・性信坊・入信坊たちのことについて親鸞に嘘をついて誹謗《ひぼう》したものだといわれてきました。でも善鸞は真実を伝えていたという解釈も十分にできます。確かに、真仏・性信の信仰は親鸞の信仰とぴったり同一とは考えられないのですから。親鸞に対して、善鸞と門弟たちが訴訟合戦をしているといったところです。それで結局は多勢に無勢、善鸞が負けたということでしょう。

六　関東の社会問題

本願ぼこりと治安の維持

順序があとさきになった感がありますが、善鸞が関東に下ったことについて、一般的にはどのような信仰上の問題があったのか見てみたいと思います。関東でどういった問題が起きたのかといいますと、まず本願ぼこりの問題がありますね。それから行動が粗暴で、僧侶としてのあるべき姿ではなかったというところでしょうか。

ところが鎌倉時代の歴史を見ますと、このような問題は親鸞のときに限ったことではないことがわかるのです。鎌倉時代を通じ、また関東に限らず日本全体で起きていた問題だったのです。たとえば法然の「七ケ条制誡」に次のようなことが戒められています。「念仏門において停止すべきは、無戒の行と号して、専ら淫・酒・食肉を勧め」――念仏を称える教えの人たちが行なってはいけないのは、戒律のない修行だと主張して男女関係・飲酒・食肉を勧めることである、とあります。続いて、「弥陀の本願を憑む者は造悪を恐るること勿れ、と説くことなり」――弥陀の本願を大切にする者は悪いことをすることを恐れるな、と主張することであると記されています。後半は本願ぼこりとまったく同じことですよね。

「七ケ条制誡」は鎌倉時代初めころの元久元年（一二〇四）二月に作成されています。三十二歳の親鸞も「僧綽空《そうしゃつくう》」として署名の一員に加わっています。

また文暦二年（一二三五）七月十四日に幕府が出した法令に、まず、「一、道心堅固においては、異儀に及ばず」とあります。それはそうですね、きちんとした心構えで修行していればそれでいい、そのとおりです。続いて「しかるに或いは魚鳥を食らい」――しかし魚や鳥を食べている者がいる。これはよくない。「女人を招き寄せ」――女性を呼び寄せて遊んでいる者もいる。これもよくない。「或いは党類を結び」――皆で集まって騒いでいる者もいる。これも悪いことだ。「恣に酒宴を好む」――好きなように酒を飲んで宴会をしている。これはだめだ。

そんなことを行なっている家は、それぞれの地域の役人に命じて壊させよ。またそのような僧侶は鎌倉の外へ追放せよ、と幕府は命じています。

私がいま申し上げようと思っているのは、本願ぼこりなどの問題は親鸞が関東から京都へ帰って長年たったから起きたということではないということです。もう、常に起きている問題だったのです。

では何が問題と思われていたかといいますと、信仰内容ではないのです。鎌倉幕府が何を危険視していたかといいますと、治安なのです。いま述べました幕府の法令は鎌倉の治安を維持するためのものです。問題の僧侶の信仰・修行態度を改めよ、などとは命じていません。鎌倉を出ていけと命じているだけです。

同じ文暦二年七月の二十四日、鎌倉幕府は次のような法令を出しています。これは鎌倉時代を通じて念仏を称える者が非難されていたことを示す内容です。

「一、念仏者と称して黒衣を着すの輩、近年都鄙に充満し、諸所を横行し、ややもすれば不当の濫行を現ずと云々、尤も停廃せらるべく候」——念仏修行をしている者だといって黒い衣を身につけている者が最近各地に大勢いて、各地を勝手に歩きまわって治安を乱している。これは厳しく止めさせなければならない。

これが念仏者が警戒されていた理由です。念仏そのものではなくて、念仏を称え、教えるために各地を歩きまわること、それがいけない。悪いことをする人もいたのでしょうね。「諸所を横行」することが治安の悪化につながるということで、それが禁止されていたのです。これが幕府の考えかたであり、もとをただせば朝廷の考えかたでもあるのです。

親鸞なら解決できたのか？

では善鸞ではうまくいかなかった問題の解決が、親鸞ならうまくいったでしょうか。皆様はどう思われますか。このことについて、親鸞の建長四年八月十九日付の手紙のなかに興味深い文章があります。それは、

師をそしり、善知識をかろしめ、同行をもあなづりなんどしあはせたまふよしきこえ候こそ、あさましく候へ。すでに謗法のひとなり、五逆のひとなり。

という文章です。このようによくない人間に対して、親鸞はどのような態度で臨んだでし

ょうか。問題点を指摘し、改めさせる努力をしたでしょうか。ところが親鸞はこの文章に続けて次のように説いています。このような人間には、

なれむつむべからず。

「そういう人たちとは仲よくしてはいけません」敬して遠ざけよ、と親鸞はいっているのです。他にもそういう手紙があります。つまり、問題解決の努力をしようとはしていないのです。いま相手にわからなくても、正しい教えを伝えておけばいずれはわかる、ということではなかったかと私は思います。

ですから善鸞でなく親鸞が関東へ来たとしても、たぶん、問題解決はできなかったでしょう。結局のところ、親鸞にできないことを善鸞ができなかったからといってなぜ善鸞が非難されなければならないのか、という理屈になります。

そして結果的に善鸞は横曾根門徒・鹿島門徒・高田門徒その他の門徒たちの勢力の強い所には住むことはできず、しだいに京都から遠い、門弟たちの勢力があまり及んでいない所へ追いやられてしまいました。それが常陸国の奥郡《おうぐん》です。そこでやっと安住の地を得ました。やがて息子の如信がやって来ましたので、それからは如信と一緒に活動をすることになりました。

七　善鸞の何が非難されるべきなのか?

善鸞を擁護する『最須敬重絵詞』

善鸞異義事件の重要な資料の一つに、『最須敬重絵詞』という絵巻物があります。これは覚如についての伝記絵巻で、覚如の高弟である乗専という人が書きました。それによりますと、私たちの思うこととは違うことが書いてあります。それは呪術のお札の問題です。覚如はそのお札を飲むことを嫌がったのに、善鸞はもちろん、如信も覚如の父の覚恵も勧めたという話です。

覚如は二十一歳のときに覚恵と関東に来ましたが、病気になってしまいました。そこへ善鸞と如信が見舞いに来ました。そのとき善鸞は覚如が苦しんでいる様子を見て、

　われ符をもてよろづの災難を治す。

「私はお札で病気でも何でも治してしまうよ」といいます。そして、

　これを服せられれば即時に平癒すべしとて、すなはち符を書き与らる。

「これを飲めばそんな病気なんかすぐさま治るぞ、とお札に何か書き込んで覚如に与えようとした」のです。善鸞はそのお札に何と書いたのでしょうね。たぶん、「南無阿弥陀仏」

ではないでしょうか。正確なことは不明ですが、阿弥陀仏の信仰がかかわっていたことは確かです。それを飲みなさいといってくれたわけですね。そうしたらば、枕辺にいた覚恵が、

本人辞遁の気をば見給ながら、片腹痛とや給けん、それ〳〵と勧らる。

「覚如がいやがっているのをご覧になり、何をそんなみっともないことをしているのだ、それぞれ早く飲みなさいと勧めた」のです。さらに、

信上人又そばにて取継て、やがて手にわたし給

「そばにいた如信もそのお札を善鸞から取り次いで、すぐ覚如の手に渡しました」。「やがて」ということばの意味は、今日と違って、「すぐ」という意味です。すぐ、さあ飲みなさいと勧めたのです。

これは実は重大問題なのです。『最須敬重絵詞』を素直に読めば、覚恵も如信もみな善鸞と同じ考えということになります。呪術の念仏を認めているという意味です。私たちはこの話をどのように受け取ればよいのでしょう。

また同じく『最須敬重絵詞』に、善鸞は親鸞からいただいた「無碍光如来の名号のいつも身をはなたれぬを頸《くび》にかけ、馬上にても他事なく念仏せられけり」――ひたすら念仏を称えていた、とあります。さらに親鸞と善鸞の親しさを示す挿話があります。

聖人五条西洞院の禅房にわたらせ給しとき、かの大徳まいり給たりけるに、常の御すまゐへ請じ申され、冬の事なれば炉辺にて御対面あり。

「善鸞が親鸞のもとを訪ねたところ、親鸞は居間に招き入れて、冬で寒いので炉端で対面しました」と親鸞は善鸞にずいぶんやさしくしています。気を遣っている様子がわかります。続いて、

聖人と大徳と互に御額を合て、ひそかに言辞を通じ給けり。

「お互いに顔を突き合わせて、ひそひそとお話をなさっていました」とあります。仲がいいのですね。仲が悪ければ、ひそひそ話なんてしませんね。さらに続けて、

話語のむねしりがたし、よも世間の塵事にはあらじ、定て仏法の密談なるべし、いかさまにも子細ある御事にやとぞ、顕智房はのちにかたり申されける。

「親鸞と善鸞との話の内容はわかりません。でもきっと世間一般のことなどではないでしょう。信仰についての密談なのでしょう。何か事情がある様子でありました、と顕智はのちに語りました」とあります。

しかし何でわざわざ二人の仲がよいのだということを『最須敬重絵詞』は書いているのでしょうか。しかも顕智がそれを見たと書いています。『最須敬重絵詞』では、続けて、善鸞を擁護する文章が続きます。

善鸞墓所（神奈川県厚木市飯山）

おほよそ人の権実は凡見をもてさだめがたく、外見をもてはかりがたし。（中略）この慈信大徳も今のありさまは釈範に違し、その行状は幻術に同すれども、しらず御子巫等の党にまじはりて、かれらをみちびかんとする大聖の善巧にもやありけん、

「その人がほんとうにすぐれた人かどうかは、私たちのような凡人の目では判断できないし、その人の外見からでは真実はわからないものです。（中略）この善鸞の様相はまともな僧侶ではないし、行なっていることは人騙しのようなものです。しかし実は巫女たちのなかに入って、彼らを正しく導こうという釈迦如来の計りごとなのかもしれません」。そして善鸞擁護のトドメと私は思いますが、この『絵詞』のなかに次のような文章が記されています。

外儀は西方の行人にあらざれども、内心は弥陀を持念せられけれぱ、かの符術も名号加持の力をもとゝせられけるにや、もちゐる人はかならずその勝利むなしからざりけん。

「善鸞は、外から見た目には、念仏を称えて西方極楽浄土をめざす修行をしているようには見えませんが、心のなかでは念仏信仰を保っているので、あのお札も南無阿弥陀仏の名号が念じ込められているためか、用いる人は必ず勝れた効果があったそうですよ」とあるのです。なんと乗専は「お札はよく効きましたよ」といっているのです。

乗専は覚如の高弟です。覚如の『口伝鈔《くでんしょう》』や『改邪鈔《がいじゃしょう》』を口述筆記した人です。その覚如の高弟が、覚如の伝記のなかで、善鸞のお札は必ず効いたそうですよと書いてよかったのでしょうか。

覚如とまわりの人びとの意見

なぜ『最須敬重絵詞』はこのようなことを書いているのでしょうか。親鸞の信仰の純粋性を守ろうとした覚如の伝記のなかに、なぜ善鸞に関する話をいろいろ入れているのか、親鸞と善鸞との親しげな話、ひいては一族の仲よさそうな話がなぜ入っているのか。

私は昔から疑問でした。研究者の間でもまだ解決していない問題です。解決していませんが、近年一つの興味深い説が出ました。それは覚如と長男の存覚《ぞんかく》の仲の悪さからくる家庭内の暗い印象を和らげようとしたのではないか、という考えです。

覚如は存覚が気に入らなくて、二回にわたって勘当しました。覚如は教学面では天才的にすぐれていた人でした。存覚も同様にたいへんすぐれた人でした。しかし二人は根本的なところで考えかたが違っていました。

覚如は本願寺中心主義を取り、門徒たちの強い反発を食らいました。しかし存覚は父とは異なり、他の門徒たちの立場を尊重しました。そのため門徒の評判がたいへんよかったのです。そのような路線の違いが主な原因で、覚如は存覚を二回にわたって勘当したのです。二回目は覚如が亡くなる直前にやっと勘当を解くという状態でした。当然、家庭内は暗い雰囲気ですよね。門徒への影響も決してよいものではありませんでした。

家族やまわりの人たちは、これは困ったことだ、なんとかしなくてはいけないと考えました。その一つの方法が、『最須敬重絵詞』に善鸞のことを取り上げることだったというのです。親子の考えが違っていて仲が悪いことなど、開祖の親鸞の時代にもあったことだ。親鸞と善鸞との仲の悪さを思い起こして欲しい。その子孫に親子の仲が悪いということがあったにしても仕方がないだろう、たいした問題ではないだろう、と主張したかったのだということです。それと同時に実際には親鸞と善鸞は仲がよかったらしいし、覚如と存覚も同じなのですよ、といいたかったということでしょう。

この説は、一九九〇年三月に野場喜子氏が『名古屋市立博物館研究紀要』第十三号に掲載されました「『慕帰絵詞』の陶磁器」という論文で述べておられます。

私は『最須敬重絵詞』が善鸞の事跡をかなり多く載せている理由を次のように考えています。それは親鸞の子孫は尊重されるべきであるという覚如の主張の一環ではないかと思うのです。

現代の私どもは、親鸞の子孫は尊重されてきた、あるいは尊重されてしかるべきであったろう、と漠然としてではありますが、そう考えていますね。しかし事実は違っていたのです。初期の浄土真宗教団でもっとも尊重されるべきは、親鸞の子どもや孫ではなくて面授の門弟だったのです。親鸞の血を受け継ぐ血統ではなかったのです。

覚如はそのことが不満でした。直接の血を受けた子孫こそ跡を継ぐべきだと主張しました。そして他の門弟たちの反発を食らったわけです。しかし覚如は一生そのことを主張し続けたのです。善鸞は悪い悪いといわれてきましたが、しかし、よくよく調べてみるとそれほどではないし、尊敬されるような行動も取っている。親鸞とも実は仲がよかった。他の親鸞の子孫たちもそれぞれに、それぞれの生きかたで親鸞の信仰を世に伝えようと努力している。これが覚如のいいたかったことではないでしょうか。

『最須敬重絵詞』では如信、覚恵はもちろん、善鸞と並んでもう一人の悪い人間だといわれてきた唯善のことも詳しく載せています。親鸞の子孫は総体として尊重されなければならないというのが『最須敬重絵詞』の主張であり、覚如の主張であったと思うのです。覚如の次男でこれもすぐれた人物であった従覚も、覚如の伝記である『慕帰絵詞』を編集しました。こちらにも、少し短いですけれども、やはり善鸞を擁護する形で記事を載せています。従覚は存覚と異なり、思想的には父覚如に近い立場を取っていました。ただし兄の存覚とは、終生仲よくしていました。

八　おわりに

最後に今回のお話をまとめさせていただこうと思います。

まず第一に、浄土真宗教団といった視点から申し上げます。善鸞のときにはいまだ教団組織というものは成立していませんでした。覚如の代になって本願寺教団を作ろうとしましたが、なかなかうまくいきませんでした。のちの蓮如のときにやっと確立したのです。教団ができていないということは、教義も規則も組織も固まったものはなかったということです。それなのに善鸞を、親鸞の考えとは違うという理由でのちの教団の人たちが非難するのはおかど違いではないかと思うのです。

つまり、善鸞は浄土真宗教団の一員として動いているという自覚はまったくありません。教団自体が存在していないのですから。したがって、親鸞の教えに背いてけしからんということはもともといえないはずだったのです。

それから第二に、親子の観点からいいますと、息子が父親のいうとおりに考え行動しなければいけないかというと、そのようなことはまったくないわけです。皆様がご自分たちのことを振り返ってご覧になれば、これはもう明らかです。まして人生経験豊かな五十代の息子に、八十代のお父さんと同じように考え、行動せよといっても無理に決まっています。

それに父親は子どもに対してどのように信仰を伝えることができるか、という問題もあります。信仰だけではなくその他万般にわたってです。これも私たち自身のことで考えてみればすぐわかります。父親の考えは、思うようにはなかなか子どもに受け取ってもらえませんね。そこにむずかしさがあります。ですから善鸞だけが非難されるいわれはないのです。

第三に、門弟の観点からいうと、善鸞は京都にいるときには尊敬する師匠親鸞の息子でした。関東から京都へ行った門弟たちは善鸞に敬意を表したことでしょう。例えば私が私自身の先生の家へお邪魔したときに、そこに息子・娘が出てくれれば、丁寧に「こんにちは」といいますね、私の方から。それは先生に敬意を表しているのでもあります。

ところがその息子が関東へ来て、「お前は間違っている」と文句をつけたらむっとするでしょうし、自分たちの勢力を奪い取りそうになったら排除するでしょう。これはもう競争相手です。敬意を表してなどいられません。それは当然のことです。かりに客観的には善鸞の方が正しかったにしても。

関東の門弟たちにとりましては、親鸞はそれこそカリスマ的な性格を持った指導者です。しかし善鸞は自分たちと同輩あるいは後輩ですから、そう簡単には善鸞に従えません。私たちはそのような人間の心理を考慮に入れて検討すべきではないでしょうか。

第四に、善鸞を非難する人たちの信仰がほんとうに正しく親鸞の信仰を受け継いでいたであろうかという問題です。面授の門弟たちでさえ、それには疑問符がつけられました。

親鸞と善鸞とのかかわりをさらに明らかにしていきたいと思います。

親鸞と如信——親しい孫の立場から——

一　はじめに

本願寺第二代とされております如信についてお話を申し上げたいと思います。如信は親鸞の孫で、鎌倉時代の嘉禎元年（一二三五）に京都で生まれました。父は親鸞の息子の善鸞です。母はわかっておりません。

如信が誕生したとき、親鸞は六十三歳で、約二十年にわたる関東での生活から京都に帰ったばかりでした。親鸞にとって如信は初孫です。一緒に住んでいたかどうかはわかりませんが、如信は親鸞の膝元にいて、幼いときから成人ののちまで、親鸞に親しく教えを授けられた、といわれています。そのような事情で、親鸞の多くの門弟のなかでも、如信はその教えをもっとも正しく受けとめた一人と考えられてきました。成人してからは、主に常陸北部から陸奥最南端の地域で布教活動にあたりました。

今年（平成十一年）は正安二年（一三〇〇）に亡くなった如信の七百年遠忌法要が行なわれています。如信が亡くなったのは、かつての陸奥国金沢の地、現在の茨城県大子町上金沢です。そこの法龍寺には如信の墓所があります。数年前、私はこの法龍寺を管理している真宗大谷派東京教務所から依頼されて、平成七年に如信の伝記を書きました。『如信上人』です。ここでは如信が何を考えていたのか、どのような活動をしたのか、あらためて見ていきたいと思います。

二　京都の如信

影の薄い如信の印象

如信というのは、皆様方も感じていらっしゃいますように、真宗の歴史のうえでは印象が薄いんですね。親鸞の孫というのは明らかですし、親鸞を継ぐ本願寺の二代目とされているからには、もっと如信について語られていいと思います。しかし、それがそうではありません。どうも悪い人ではなかったらしい、といった程度の漠然とした印象しかありません。これはなぜなのでしょう。

本願寺第二代といっても、実は後から形式的に作られた二代目ですし、如信の伝記についての史料も少ないので、やむをえないかもしれません。私も茨城県に住む人間としては残念に思っていますし、ちょっと淋しい思いもしています。親鸞あるいは蓮如、それから『歎異抄』を著わしたといわれる唯円よりずっと知られていない如信ですが、如信の人物像や真宗の歴史における役割などを、少しでも明らかにしたいと思います。

関東北部の真宗の歴史を見ていきますと、如信は父の善鸞とともに尊重されてきたことがわかります。如信と関係のある寺もいくつかあります。直系の寺としては福島県白河市の常瑞寺と茨城県東茨城郡大洗町の願入寺とが知られています。この二つの寺はもともとは一つの寺でして、それぞれ如信の伝統を守っています。

如信墓所（茨城県大子町・法龍寺内）

如信は二十代から六十六歳で亡くなるまで、陸奥国の最南端、現在の東白河郡・西白河郡、それから白河市、さらには茨城県久慈郡大子町あたりを本拠にして活動しました。『最須敬重絵詞』によりますと、「奥州大網東山」に住んでいたとありますし、「奥州東山の如信上人」ともあります。『慕帰絵詞』にも「東山の如信上人」とあります。大網、それから東山とはどこか、昔からいくつかの説が立てられてきました。奥州最南端には違いないのですが、そこから先で説が分かれるのです。

でも、そのあたりの地域に如信の門弟たちが広がり、彼らが大網門徒と呼ばれたことは間違いありません。そしてのちに本願寺教団確立の意欲に燃える覚如が如信を尊敬し、また大網門徒と手を結ぼうとしたこともわかっています。如信が本願寺第二代とされているのも覚如の政治的判断なのです。「如信」の名が覚如によって利用されたこともこれまた事実であると思います。

如信の誕生

如信は京都で生まれました。ちょうど親鸞が関東から帰ってまもなくのころです。正確には親鸞六十三歳のときの誕生です。越後に流されたのが三十五歳のときですから、それから一度も京都に帰っていないとすれば、親鸞は二十数年ぶりの京都の生活であったということになります。若いころの京都とはずいぶん印象が違っていたことでしょうね。京都自体はあまり変わっていなかったかもしれませんが、親鸞自身が変わっていたことでしょう。京都を見る目は若いころとは異なっていたと思います。

親鸞がなぜ京都へ帰ったのかということについては、いろいろな説があります。関東における鎌倉幕府の専修念仏弾圧を逃れて、という説。『教行信証』を完成させるための参考文献を求めて、という説。生涯にわたる師法然の書状・書き物を集めてまとめるため、という説。これについては、事実、親鸞は何年間かかけてその『西方指南抄《さいほうしなんしょう》』を完成させています。

親鸞は京都へ帰った理由について、自分では語っていません。語ったかもしれませんが、それが記録としては残っていません。私は、いま申し上げたような理由もあったかもしれませんが、単純に、もう六十歳という還暦になったから昔の故郷に帰りたいということだったのではないかと考えています。専修念仏弾圧を逃れて、という説は論外だと思います。ほんとうにそうだったら、では残された門弟たちはどうなるのか。弾圧されるままになるのか。それに鎌倉幕府の専修念仏弾圧は朝廷の方針を受けて始まったことなのです。弾圧を逃れるどころか京都に帰るのだったら、弾圧の本元へ自分から飛び込んでしまうことになります。そんなことはしないでしょう。

『教行信証』や『西方指南抄』のことは、そうかもしれません。親鸞が京都へ帰った理由として当たっているかもしれません。しかし皆様、当時の平均寿命はいくつぐらいかおわかりになるでしょうか。四十四、五歳なのです。親鸞はとっくに平均寿命を過ぎているのです。まさか九十歳まで生きるとは思っていなかったと思います。帰京して三十年間、何か十分な仕事をしようとは思っていなかったと考えるのが自然です。思いがけず、九十歳まで長生きをしてしまったのです。

親鸞は京都で積極的な布教活動をした気配がありません。活動としては思索と関東の門弟たちの指導、さらには文筆活動です。そのなかで如信が誕生し、成長していったということなのです。

親鸞にとりましては越後・関東で長い間過ごし、久しぶりの京都生活、そのなかで生まれた最初の孫ということですので、たいへん意義深く、うれしい如信の誕生であったと思われます。

如信の父は善鸞です。善鸞はこのとき、おそらく三十三歳ころです。如信の生まれた年は西本願寺所蔵の「如信絵像」の裏書によってほぼ確実なことがわかるのですが、善鸞については正確なことはわかりません。したがっていろいろな説がありますが、私は親鸞三十歳か三十一歳ころの子であったと考えています。

善鸞の母は誰であったかわかりません。恵信尼であるという意見も強く存在するのですが、私はそうは思いません。また如信の母については、まったくわかりません。残念ながら判断する史料がないのです。

如信の教育

『最須敬重絵詞』に、如信の若いころについて、

　幼年の昔より長大の後にいたるまで、禅牀のあたりをはなれず、学窓の中にちかづき
給

とあります。「幼いときから成人して後も、親鸞の側を離れずに学びました」ということなのです。中世では、一人前として認められるのはほぼ十六歳を過ぎてからです。「長大の後」ということばには修飾的なにおいも感じられますが、そう誤りでもないでしょう。では如信は親鸞と一緒に住んでいたということなのでしょうか。しかし、そのあたりは、なかなか単純な話ではないのです。

　そのころ、父親と息子とは同居しないのが普通でした。息子は適当な年齢になると、奥さんを求め、結婚の運びになると奥さんの家に同居するのが普通だったのです。今日風にいえばお婿さんでしょうかね。入り婿ですね。基本的には女性は動かないのです。家を出ないのです。ですから家をずっと受け継いでいくのは女性なのです。これは平安時代以来、さらにはそれ以前からの慣習なのです。地方で武士勢力が発展してくると、女性が男性の家に入る嫁入婚が広まります。これは男性が戦争に行っている間、家を守らなければなら

ないという必要性が一つの大きな要因になっていました。

そのころの京都ではまだ必ずしもそうではありませんでした。有力な貴族では男性の父親が若夫婦の住む家を準備することもあります。平安時代後期にはそのようなことも始まっています。しかし一般的には、女性の家に男性が入ることが多かったと考えられます。そして夫の衣食住の面倒は妻の家族がみるのです。そうすると、親鸞と善鸞とが同居していた可能性は少ないことになります。ですから如信は母の実家に住んでいて、父方の祖父の親鸞と一緒に住んでいたということは、まずないでしょう。

ただそれにしても、如信は親鸞の近くに住んでいたことは確かだと思います。それに如信にとって幸せだったことは、親鸞が祖父だったことですね。親と子とはいろいろと葛藤があることが多いのですが、祖父母と孫とは仲がよく、親しい例が多いですね。

親鸞と息子の善鸞についても、仲が悪かったとか、親鸞が善鸞を義絶したとかいわれていますけれども、少なくとも善鸞が四十代の末ころに関東へ行くまでの二人の関係は良好でした。そうでなければ、親鸞は自分の代理として善鸞を関東へ送り込んだりはしなかったでしょう。京都の中で親しい関係だった親鸞と善鸞。したがって如信も親鸞のもとにしょっちゅう出入りする、ということになりました。

親鸞は如信がかわいかったと思います。しかし、甘やかしてばかりいたとは思いません。

先を見通して教育ができたのではないかと考えられます。『最須敬重絵詞』によると、如信は、

あながちに修学をたしなまざれば、ひろく経典をうかゞはずといへども、出要をもとむるこゝろざしあさからざるゆへに、一すぢに聖人の教示を信仰する外に他事なし。

「特に既成の教団の寺に入って伝統的な教学を学んでいませんので、経典類を広く調べることはしませんでしたが、どうすればこの迷いの世を逃れることができるかという気持が強かったので、親鸞聖人の教えを信じ仰ぐことのほかは、何も考えませんでした」とあります。

つまり如信は既成の教団や寺に入らなかった、というのです。当然、本来ならば普通の僧侶が学ぶべき経典類の勉強はせず、その面では疎かったということになります。そして同じく『最須敬重絵詞』に、

自の望にて開示にあづかりたまふ事も時をえらばず、他のために説化し給ときもその坐にもれ給ことなかりけれ

「如信は自分から希望して親鸞に教えてもらうことも時を選ばず、親鸞が他人のために教えを説くときも、その坐に洩れることはありませんでした」とあります。また、

かの阿難尊者の常に仏後にしたがひ、身坐下に臨て多聞広識の名をほどこし、伝説流

通の錯なかりけるも、かくやとぞおぼゆる。

「あの阿難尊者が常に釈迦のうしろに控えて、釈迦の数多くの説教を聞いて博学となり、釈迦の教えを伝えるのに誤りがなかったのも、このようであったかと思われます」というのです。『最須敬重絵詞』は、親鸞の教えが、如信を通じて覚如に正しく受け継がれていることを示そうとした書物であります。かなりの修飾がなされていることは十分に察せられます。でも二十年あまり親鸞のもとにいたからには、如信は六十代以降の親鸞の信仰をかなりに身につけることができた、というべきでしょう。いわば如信は純粋培養的に親鸞に育てられたということになります。

ただ問題は残ります。親鸞が九歳のときから二十年の苦闘の後に得た専修念仏の道を、若い、人生の苦労知らずの如信がどのくらい深刻に受けとめることができたか、という問題です。しかも親鸞は、その後も家族を伴って京都・越後・関東と三十年苦労してきたのです。そのうえでの親鸞の信仰を、如信はどのように自分のものにすることができたか。ただ、「一すぢに聖人の教示を信仰する外に他事なし」とありますから、如信がほんとうに真面目に親鸞の教えを受けとめようとしていたことは間違いないと思います。

親鸞の子孫で寺や既成教団に入らずに信仰を学んだのは、如信以外にはいないと思います。如信はまったく珍しい例です。

三　関東の如信

如信の関東下向

親鸞の流れを汲む真宗系の教団で、真宗大谷派や浄土真宗本願寺派では、初代を親鸞、二代を如信として、善鸞を排除しています。善鸞は父親鸞に背いた親不孝者、とされてきました。ここで困った問題が発生します。善鸞は如信の父なのです。では善鸞と如信の関係はどうだったのか。今までこの親子関係を厳密に追究することは避けられてきました。それは何といっても具合の悪い問題です。後にお話ししますように、覚如が関東に来たとき、善鸞と如信は一緒に行動していました。でも、親子の信仰は違っていたのだ、という説明がなされてきました。

しかしはっきり申し上げて、善鸞と如信とは親しい関係にありました。信仰面でもほんとうに違っていたのだろうか、と私は疑問に思っています。かりに違っていたとしても、どのような違いだったのか。他人からあげつらわれるべき違いだったかどうか。ともかく、如信の信仰は称賛すべきもので善鸞の信仰は無条件に非難すべきもの、と考えるべきではないと思うのです。

このようなことを念頭に置いたうえで、如信が関東へ下った理由を考えてみたいと思います。

如信が誕生したとき、善鸞は三十三歳くらいです。関東での信仰上の問題の解決のために親鸞が善鸞を関東へ送ったのは、親鸞が七十代の末から八十代の初めと考えられます。するとそのころ善鸞は四十代の末から五十代の初め、如信は十代の半ばから末ということになります。このとき、如信が善鸞と同時に関東に下ったとは考えられません。

そして善鸞が親鸞の期待を裏切ったとして親鸞が悩み始めるのは、八十二歳から八十三歳のときと考えられます。そのときすぐさま如信を関東に送り込んだとも考えられないでしょう。如信が善鸞に取り込まれたらどうしよう。

この間、如信が善鸞と音信不通であったとは考えられません。如信は親鸞と善鸞、祖父と父との気持がズレてしまったことに心を痛めていたでしょうし、自分から関東へ行って様子を確認し、布教活動にもあたりたいと望んだのではないでしょうか。

親鸞は八十五、六歳になると落ち着いてきました。いわゆる自然法爾《じねんほうに》の境地です。このころ如信は関東に下ったと私は考えています。如信二十三、四歳です。

如信は親鸞から関東での活動の話を十分に聞いていたでしょうし、また関東から上洛してくる門徒たちからもおりに触れて話を聞いていたに違いありません。如信が親鸞の活動の跡を巡りたいと考えていたこと、および善鸞の様子を自分の目で確かめて祖父との間に立ちたいと考えたのではないかということ、そのような目的を持って関東に下ったのではないかと、私は考えております。

関東での苦労

如信は、おそらく、関東は初めての土地だったと思います。関東に来た如信にとって何がたいへんだったでしょうか。如信は親鸞の孫です。しかも親鸞が膝元において大切にしてきたことはわかっています。現代の私たちは、「え?、親鸞聖人のお孫さんがいらっしゃった?　これは大切にしなくてはいけない」と関東の門徒たちが思ったと考えがちです。ところが必ずしもそうではないのです。もちろん、一応、如信に対して丁寧な態度で接するのは当然でしょう。問題はその次です。信仰にかかわる部分です。その部分に如信が親鸞の権威を振りかざして指導者として踏み込めば、たちまち拒絶反応を示されてしまうのです。

当時、親鸞の子だから孫だから特別に大事にされたかというと、これがされなかったのです。血筋の子孫だからといって尊重しようとは考えなかったのです。子孫だからといって信仰上尊重し、これに従おうとは考えませんでした。理由は簡単ですね。僧侶には子や孫はいないはずです。僧侶は結婚すべきではないという不淫戒は依然として生きていたのです。いないはずの子や孫を、尊重し、これに従おうという慣行が存在しているはずはないのです。

覚如はこのことに不満で、親鸞の子孫を尊重させるべく、一生をかけて奮闘します。しかし成功しませんでした。戦国時代の蓮如の代になって、やっと親鸞の子孫の血統は真宗教団の指導者としても大切にされるべきであるという考えかたが確立し、今日に至っています。

如信は、私たちが何となく思っているように、関東へ来て最初から信仰面で尊敬される状況にはなかったのです。親鸞の孫だということはわかっていますから、注目されたことは事実でしょう。しかし関東には親鸞面授の門弟たち、如信から見れば祖父にあたる年代の人たちがたくさんいたのです。しかも彼らはそれぞれ門徒集団を持って勢力を固めていました。親鸞の信仰をそれぞれの地域の生活に根ざした信仰で受けとめつつ、生活をしていたのです。如信はそのなかへ入っていったのです。

早い話、如信の父の善鸞は、このような関東の状況のなかで失敗しました。親鸞面授の門弟たちを心服させることができなかったという点において失敗しました。如信はそれを知っているので、善鸞と同じようには行動しませんでした。善鸞と同じようには信仰を説かなかった気配です。善鸞は自分の信念に従って親鸞の信仰を説いたと考えられます。そして関東の門徒たちの誤りを追及したと思われます。

関東において親鸞面授の門弟たちが多かったのは、常陸南部・西部・下総北部・下野南部・武蔵北東部のあたりです。やや北よりながら、関東の中央部です。善鸞はそのなかに突っ込んでいって、やがて北の方へ追い出されてしまいました。当時でいえば常陸の奥郡、現在でいえば茨城県水戸市を含んでそこから北の地域です。

如信は最初から奥郡に入っていったようです。そこにはすでに善鸞がいたからということもあったと思います。また如信の性格は非常に穏やかだった気配です。「あなたの信仰は間違っている」というい方で教えを説くのではなく、自分が立派に生きてそれを人に見てもらう。態度で示すというやり方でした。それが如信の特徴であったのではないか、と私は考えています。

興味深いことがあります。親鸞を第一世代とすると、第二世代の善鸞、覚信尼はわりと強い性格の自己主張のはっきりした人たちです。その子たち、つまりは親鸞の孫である第三世代の如信、それから覚信尼の子の覚恵《かくえ》はいずれも穏やかな性格なのです。その次の第四世代の覚如と唯善は強烈な性格で、転んでもただでは起きない意欲の持ち主です。唯善は覚恵と同じく覚信尼の子ですが、覚恵とは年齢が三十歳近くも離れていますから、第四世代に入れてよいのではないかと考えています。

善鸞は強い性格で、それを外に出すタイプでしたが、逆に如信は心のなかに強いものを持っていて、あまり外には出さない。そのためだろうと思いますが、善鸞とも、叔母の覚信尼、それから覚恵、覚如とも仲よくつき合っています。如信の妻は覚恵の妹の光玉尼です。いとこ同士の結婚です。如信と光玉尼の間には六人の子が生まれています。

如信と報恩講

如信は、年末に京都の親鸞廟堂で行なわれる報恩講《ほうおんこう》に毎年出席したといわれています。十八世紀の書物ではありますが、『大谷本願寺通記』に、

毎年十一月の祖忌に必ず大谷に還り、一七日の念仏を修す。

「親鸞の毎年の祥月命日には必ず京都の親鸞廟堂に還って七日間の法要を勤めた」とあります。親鸞と如信の親しさから見て、さもありなんと思います。

親鸞が亡くなったのは弘長二年（一二六二）十一月二十八日です。その命日の法要の報恩講は、いうまでもなく真宗では一年間のなかでもっとも重要な法要です。親鸞の恩に感謝し、それに報いるべく誓いを新たにするという法要ですね。法要の性質からいうと、社会一般で行なわれている追善供養とは違います。追善供養は、亡くなった人が極楽に往生

できておらず、他の地獄なりなんなりに堕ちていては困るので、生きて残された者たちが念仏等の善根を積み、その功徳で極楽に引き揚げてもらおうというのです。それを念を押して繰り返し繰り返し行なうのです。

親鸞の祥月命日を報恩講というようになったのは、いつからでしょうか。現在に至るまでの報恩講で読み上げられます『報恩講式（報恩講私記）』を作ったのは、覚如です。永仁二年（一二九四）のことです。ですから、これ以後、「報恩講」と呼ばれたことははっきりしています。如信六十一歳のときのことです。それ以前も報恩講と呼ばれていたでしょう。

ちなみに、『報恩講式』を書き上げたとき覚如は数えで二十五歳でした。翌年には『親鸞伝絵』を書いていますし、この面で覚如は早熟の、天才的な能力を持っていた人だと私は思うのです。

ところで報恩講ということばの由来ですが、おそらく法然の門下の人びと

如信画像（福島県白河市・常瑞寺蔵）

の間で広く行なわれていた知恩講を参考にしたのでしょう。法然の祥月命日の法要です。法然なら浄土宗ですから、浄土宗の寺でだけ行なわれていたのだろうと思いがちですが、そうではないのです。本願寺でも、ずっと後の時代、蓮如の次の実如の代まで行なわれていたのです。私たちが思う以上に、昔の真宗では法然も大切にしていたということですね。

ところで如信の本拠地の奥州南部から京都までは七、八百キロの距離があります。如信はその往復を毎年歩いて行ったのです。いくら昔の人が歩くことに慣れていたといっても、これはたいへんなことだと思います。奥州からは久慈川、あるいは那珂川の船便を使ったのではないかという考えもあります。かりにそうであったにしても、常陸国の途中まででです。それに、如信は京都まで楽に旅をしようとしたか？　という疑問もあります。

また白河市の常瑞寺には、如信は途中で常陸の稲田に立ち寄り、そこのお米を背負って上洛したという伝えがあります。茨城県大洗町の願入寺には、そのお米は鉄の鉢を抱いての毎日の托鉢で得たもので、その鉄鉢は現存するといいます。いずれも如信の親鸞の恩に報いようという気持と、大谷廟堂の貧しさとを表わした伝えだと思います。

四　如信の思想と善鸞

如信の思想を知る手がかり

如信がその思想について直接書き記したものは残っていません。昔は『歎異抄』が如信の著作ではないかといわれたことがあります。現在では唯円説が一般的になってしまいましたが。

では、如信の思想がまったくわからないかというと、そうでもないのです。覚如が、元弘元年（一三三一）、六十二歳のときに著わしました『口伝鈔』という本の最初に、

本願寺の鸞聖人、如信上人に対しましましくて、おりおりの御物語の条々、

とあります。『口伝鈔』は全体が二十一条で成り立っておりまして、それは如信が親鸞から受けた内容で、それを覚如が文章にした、ということなのです。実際は覚如が口述したことを、覚如の弟子の乗専が筆記したのです。『口伝鈔』はかなり複雑な経路をたどって書物になりました。

『口伝鈔』全二十一章には、それぞれ長い題名、あるいは短い題名がつけられていますが、煩雑なので省略します。ご参考までに申し上げますと、細川行信氏が『真宗教学史の研究

――口伝鈔・浄土真要鈔――』（平成二年）のなかで、「第一安居院参向章」などとわかりやすく略称を示されておられます。

ただ『口伝鈔』は、どこからどこまでが如信の思想なのか、正直なところよくわかりません。第十九章は、

本願寺の聖人、黒谷の先徳より御相承とて、如信上人おほせられていはく、

として、いわゆる悪人正機説が説かれています。黒谷の先徳というのは法然のことです。また第二十章には、

おなじき聖人のおほせとて先師信上人のおほせにいはく、

とあって、大きな罪と小さな罪に関する話が載せられています。

このように悪とか罪が強調されていますから、如信がいいたかったことはいくつかあるにしても、特にいいたかったのは「悪いことをしてはいけない。私は悪いことはしない」ということだろうか、と思ったりしています。

如信の思想を知る手がかりとして、他に覚如の『改邪鈔』という著書があります。覚如六十九歳のときの著作です。ここには親鸞から如信が直接受けたことを記す、と覚如自身の奥書に記されています。さらには『歎異抄』も、悪人正機説など『口伝鈔』とほぼ同文の部分が何カ所かありますので、依然として検討材料の一つです。

五　如信の没

如信の没

正安元年（一二九九）十二月二十日過ぎ、当時六十五歳の如信は陸奥国金沢の草庵に移りました。ここには乗善という如信の門弟がいて、彼がその草庵に招いたのです。乗善はたいへん熱心な門徒で、また如信の恩について感謝することにも特に心がこもっていたと、『最須敬重絵詞』にあります。

ところが年があけて正月二日から、如信は体調を崩し、寝込んでしまいました。『最須敬重絵詞』には次のように記しています。

それより後はひとへに世事の囂塵を抛却して、長時の称名をこたり給ざりけるに、異香室の中に薫じ音楽窓の外にきこゆること、二日二夜のあひだ耳鼻にふれて間断なし。かくて同四日巳時に正知正念にしてつゐに称名のいき止給けり。近隣の輩は瑞雲に驚てのぞみまうで、遠邦の族は霊夢を感じてあはせあつまる人おほかりけり。

「世のなかのことはすべて捨てて、念仏を称え続けていました。すると、部屋のなかにはよい香がただよい、窓の外からは音楽が聞こえてきました。これが二日二晩絶えることはありませんでした。このようにして正月四日巳時、正真正銘の臨終正念でついに亡くなりました。近所の人たちは空に奇瑞を示す雲が広がっていることに驚いて集まって来たし、遠くに住んでいる人びとは霊夢を見て皆で集まる人が多くありました」というありさまだったといいます。

この記事についてお話が二つあります。第一は、如信はわずか二日寝込んだだけで亡くなってしまったということです。体力が弱っていたのでしょうか。六十六歳ですから、当時の推定される平均寿命よりはずっと長生きなのですが、親鸞九十歳、恵信尼八十七歳、善鸞八十七歳以上に比べれば早く亡くなったと思います。

如信が亡くなった金沢の地には法龍寺という寺が建立されました。真宗大谷派東京教務所の管轄で、如信上人御廟所法龍寺とも呼ばれています。

境内には江戸時代に建てられた高さ百六十二センチの墓石があります。正面には「如信上人墓」の大きな文字が、背面には明和三年（一七六六）に造られたことなどが彫り込まれています。

第二は、これは如信自身のことというより、『最須敬重絵詞』の記事の作り方の問題です。もっといえば、初期真宗の実際の信仰のあり方についてです。引用史料の「異香」「音楽」「正知正念」「瑞雲」「霊夢」――すべて平安時代の貴族以来の観想念仏の世界です。

念仏を称えることによって阿弥陀仏に救っていただくのです。臨終に落ち着いて念仏を称える臨終正念こそが理想であり、極楽往生は妙なる音楽、美しい瑞雲によって証明されるものでした。

しかし親鸞はこのような世界を真っ向から否定したのです。その親鸞の信仰を受け継いでいるはずの覚如の高弟がなぜこのような伝記絵巻を作ったのでしょうか。

しかし、と私は思います。現代の私たちには、真宗の歴史を見ていく上で、今まで何か勘違いがあったのではないでしょうか。問題にすべきは覚如の高弟ではなくて、私たちの意識ではないでしょうか。親鸞以降に伝えられた教理と人びとの実際の信仰生活とは、ひとまず分けて考えなければいけないのではないか、と思うのです。そこから研究が始まる、と思います。

そのようなことから、如信の臨終について『最須敬重絵詞』を使って見てきましたけれども、まだまだ検討を続けなければならないと思います。

法龍寺の如信坐像

法龍寺の本堂には、本陣の中央に阿弥陀仏立像、脇に聖徳太子立像と如信坐像が安置されています。いずれも、法龍寺の伽藍が再建された江戸時代前期、たぶん十七世紀後半に造られたものと思われます。

如信坐像は像高五十七センチ、塑像で黒漆が塗られているような印象です。地元ではこの像がほんとうに如信かどうかわからなくなっていました。私が平成六年に見学させていただいたときも、他の僧の名前があげられたりしていました。

ところが平成九年から翌年にかけてこの如信坐像が修理されました。そうしましたら背中の部分に銘文があることがわかりました。それは、

本願寺第二祖
如信上人真影

南無阿弥陀仏

釈真如　書

源光国

という文でした。真如というのは東本願寺第十七代で、元禄十三年（一七〇〇）四月から

延享元年（一七四四）まで宗主の職にありました。源光国というのは徳川光圀で水戸黄門のことです。光圀はその元禄十三年の十二月に亡くなっています。したがってこの銘文は元禄十三年に書かれたことになります。

修理とそれに伴う調査の報告書であります「如信上人坐像修理報告書」（平成十年）によりますと、如信坐像は塑像には間違いなく、「粘土で造形した上に和紙を貼り重ね（六枚）、その上から薄絹を貼っている。絹の上から灰色（制作当初は黒色か？）の彩色を施している。尚、この彩色には漆が使用されているとは思えない」とあります。

如信坐像（茨城県大子町・法龍寺蔵）

このような造り方は他に例が見られないそうで、室町時代に造ったのか江戸時代かわからないということです。しかし、本尊の阿弥陀如来立像、聖徳太子立像と同じく、法龍寺再建のときの造立であろうと思います。光圀の銘文も修理銘ではなく、造立銘と考えてよいのではないかと思います。

六　おわりに

如信は、自分を強く主張するとか、押しとおすとかいう性格の人ではなかったと考えられます。そして親鸞の教えを地道に、確実に伝えていこうとしていたようです。また父善鸞の苦しい経験から学んでいたようです。ですから、その後の真宗の歴史のなかで善鸞は非難されていますが、如信はまったく非難されていませんね。如信を非難・攻撃している文章は一つも見たことがありません。如信が、最初から常陸の奥郡以北にその活動の場を求めた気配があるのは、その第一の表われと思います。

これからはなんとか如信の正確な信仰内容について知りたいと思っています。

親鸞と門弟——真仏・顕智・性信・順信の生活の立場から——

一　はじめに

親鸞と主な門弟たちのお話を申し上げます。まず、親鸞の主な門弟についてお話しするのが一番の目的ですが、その前提としまして、親鸞の信仰についても概略を申し上げたいと思います。そしてそれは、中世という時代を背景にした信仰であったということであります。中世とはどのような時代であったのか。それが信仰とどうかかわるのか。そこにどのような問題があったのか。また親鸞はそれにどのように対処しようとしたのか。

実際のところ、親鸞は関東に何をしに来たのでしょうか。親鸞は関東の荒野に念仏を広めに来たといわれることがあります。念仏を知らない哀れな人びとに光明を与えに来たというわけです。しかしそんなことはなくて、当時、念仏と『法華経』についての信仰は日本中に知られていました。そして親鸞が伝えようとしたのも、また念仏の教えでした。では親鸞の念仏は他の念仏とどのように違っていたのでしょうか。しいていえば、親鸞は信ずることと感謝することを念仏を通じて教えていたのです。

親鸞は関東で多くの門弟を作りました。正確にいえば、親鸞の門弟は多かったといえばよいのか、少なかったといえばよいのか意見が分かれるところですが。そのなかで親鸞が出会った人たちはどのように親鸞の信仰を受けとめたのか。そのことを、真仏・性信・順信といった親鸞の高弟たちについて、順次お話ししていきたいと思います。

二　関東の親鸞とその信仰

信心の念仏――信ずることのできる喜び

親鸞の念仏は信心の念仏と報謝の念仏で特徴づけられます。信心の念仏とは阿弥陀仏の救いに対して信ずる心をもって念仏を称えることです。『歎異抄』第一章に次のようにわかりやすく説いてあります。

弥陀の誓願不思議にたすけられまいらせて、往生をばとぐるなりと信じて、念仏まうさんとおもひたつこゝろのおこるとき、すなはち、摂取不捨《せつしゆふしや》の利益にあづけしめたまふなり。

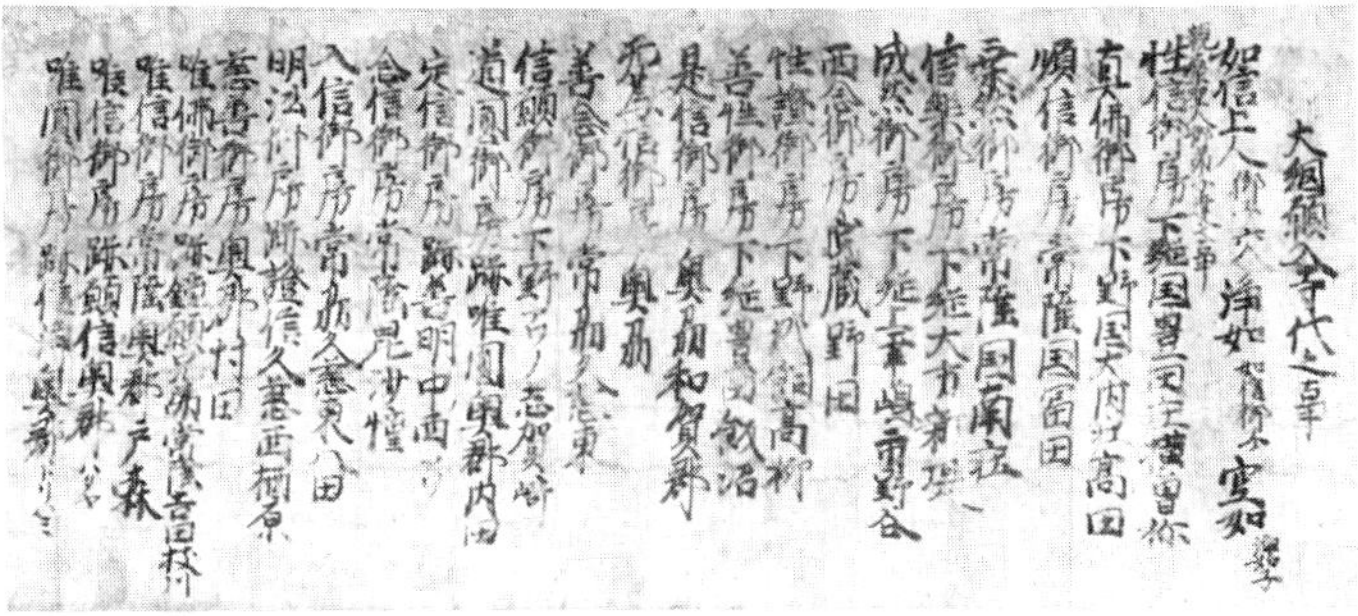

『二十四輩牒』の一部（茨城県大洗町・願入寺蔵）

「阿弥陀仏の不可思議な絶対の力に助けられて、極楽往生できるのだと信じ、念仏を称えようという気持の起きたときに、すぐさま阿弥陀仏に救っていただけるのです」と親鸞は説きます。信ずるときに救われるのです。すべては阿弥陀仏を信ずる心の起きたときから始まります。また親鸞の性信宛の正嘉元年十月十日付の手紙に、

　信心をえたるひとは、かならず正定聚《しょうじょうじゅ》のくらゐに住するがゆへに、等正覚のくらゐとまふすなり。

とあります。これは「信心を得た人は必ず正定聚にとどまることができます。正定聚とは、次の世で必ず極楽浄土へ往くことのできる立場です。そこで正定聚のことを、正しく覚ったに等しい、というのです」という意味です。「正像末浄土和讃」にも阿弥陀仏の本願を信ずるようにと、次のように説いてあります。

　弥陀の本願信ずべし
　本願信ずるひとはみな

摂取不捨の利益にて
無上覚をばさとるなり

これは、「阿弥陀仏の本願を信じましょう。この本願を信ずる人は、すべて、いったん救い摂《と》ったら捨てることはしないという本願のおかげで、この上ないすばらしい境地に到達することができるのです」という意味です。このように親鸞は信ずることの重要性を説きました。

さらに親鸞は、私たちが信ずることさえ阿弥陀仏がそうさせてくださったからだと考えていました。先の『歎異抄』第一章の「弥陀の誓願不思議にたすけられまいらせて」という文章はそのことも示しています。同じく『歎異抄』第六章にも、

ひとへに弥陀の御もよほしにあづかりて、念仏まうしさふらふひとを、

とあります。

宗教でしたら信ずることは常識です。当たり前のことです。ただ親鸞がそれにもまして信ずることの重要さを説いたのは、阿弥陀仏の救いの力の大きさと、人間の力の小ささに思いを致さざるをえなかったからでしょう。親鸞の人生の苦しさの一端がここに垣間見える思いがします。

そして親鸞の信の心は阿弥陀仏を信ずるだけにとどまりません。自分の師匠である法然

についても、信じていることを次のように表明しています。『歎異抄』第二章にある、有名な文章です。

たとひ、法然上人にすかされまいらせて、念仏して、地獄におちたりとも、さらに後悔すべからずさふらふ。

阿弥陀仏を信ずるだけにはとどまりません、というのは宗教的には逆でしょう。しかしここで私が申し上げたいのは、親鸞は単に信仰の世界に限って生きかたを教えているだけではなくて、人間世界についても、そこでの生きかたを指し示していると思うのです。親鸞は「もし、法然上人に（極楽へ往生できるからと）騙《だま》されて、念仏を称えて、地獄に堕ちても、決して後悔は致しません」といっているのです。このままでは地獄に堕ちるしかない自分に希望を与えてくれた師匠であるからこそ、絶対的に信頼しているのです。この文章には、悩み・迷いの末に心から信じることのできる法然に出会った喜びとうれしさ、またそれによって強く生きていける、ということが示されています。

人間が他人を信じて生きることは大変重要なことだと思うのです。信ずるためには相手の長所、よいところを見つめなければなりません。相手の性格を悪く見るのではなく、よいと思い、よいと思おうと考えてつき合うことが大切だと思います。親鸞は師法然について強い信頼を表明しています。このことによって、後世の私たちに人を信ずることの大切さと、信ずることのできる喜びとを伝えていると思います。

報謝の念仏――感謝することと恩返し

親鸞の「浄土和讃」に次の和讃があります。ここには親鸞の念仏のもう一つの特色である「報謝の念仏」への道を指し示す内容が説かれています。

弥陀の名号となへつゝ
信心まことにうるひとは
憶念《おくねん》の心つねにして
仏恩報ずるおもひあり

「阿弥陀仏の名号を称えながら、阿弥陀仏をほんとうに信ずることのできるひとは、常に阿弥陀仏のことを憶《おも》っており、阿弥陀仏の恩に報いようという思いがあるのです」といっているのです。救われたことについての恩返しです。当然、そこには救われたうれしさがあります。恩返しの前に、うれしさがあるはずです。うれしさと、その次に出る感謝の気持、それから恩返し、という順番となります。

感謝の心。自分に与えられた喜びに対する感謝の気持。それは自然に態度に出ます。また態度に表わして行動に出なければいけないのです。喜びを与えられた恩に報いようという気持です。「正像末浄土和讃」に、浄土真宗の門徒の間では非常によく知られた和讃があります。

　如来大悲の恩徳《おんどく》は
　　身を粉にしても報ずべし
　師主知識の恩徳も
　　ほねをくだきても謝すべし

「阿弥陀如来の、私たち人間をあわれと思って救ってくださった徳と恩は、身を粉にして働くことになっても報いなければなりません。またその教えを私たちに正しく伝えてくださった釈迦以降の指導者の方々の徳と恩も、骨が砕けることになっても感謝の意を示さなければなりません」という内容です。これは「恩徳讃」として知られています。

親鸞の救いは阿弥陀仏の救いの力を信じた瞬間にあります。それ以降の念仏は、阿弥陀仏に救ってもらいたいがために称えるのではなく、救ってくださったことに対する感謝の念の表現なのです。報謝の念仏とはこのようなことを意味します。一般的には、念仏には救いを求めてのお願いの気持が込められているものです。「阿弥陀仏よ、助けてください」という気持で称えるのが念仏でした。しかし親鸞の念仏は異なっていたのです。ここに親鸞の信仰の真骨頂があります。

私の考えでは「報謝の念仏」には論理的に多少の問題があると思います。それは念仏が感謝の気持の表現であるということに関してです。まだ救われたという実感がない場合でも、感謝の気持を表現しなければならない。このあたりの矛盾が報謝の念仏の思想の理解をむずかしいものにしました。ですから中世の真宗門徒のかなりの人びとは、まず法然の念仏から入りました。法然の念仏はひたすら称えて阿弥陀仏に救っていただこうというのですから、わかりやすいのです。

関東の門弟たち

親鸞が関東へ来たのは四十二歳のときです。これははっきりわかっています。しかし京都へ帰ったのは何歳のときか、はっきりしていません。だいたい六十歳のころだったであろうと推測されています。二年ぐらいかけたであろうという説もあって、ほぼ六十二歳のころには京都に到着したといわれています。私にはなぜそんなに長い期間をかけたのか疑問です。

後世に関東から京都に至る道筋に建てられたいくつかの浄土真宗寺院が、親鸞は自分の所に何日も何カ月も滞在されたのだ、ということをいい出したのではないでしょうか。それらをまとめ、つじつまをあわせて二年くらいとしたように私には思えます。だいたい、親鸞は京都に帰りたかったのではないでしょうか。実際に二年もかかったなんて信じられません。実際はごく短い旅の期間で京都に帰ったのではないかと思います。

親鸞は関東で信心と報謝の念仏を教えました。この念仏が、呪術とその一手段としての念仏に慣れた関東の人びとに非常に新鮮な感動を与えたと考えられます。その感動の故にこそ、親鸞の説く念仏は関東の人びとの間に広まったのでしょう。

では関東の人びとは具体的にどのようにして親鸞の教えを受け取ったのでしょうか。どのように消化したのでしょうか。これからそのことについてお話をしたいと思います。

親鸞の門弟たちの名は、『親鸞聖人門侶交名牒』や、『二十四輩牒』、あるいは親鸞の手紙などに出てきます。妙源寺本の『親鸞聖人門侶交名牒』によりますと、面授の門弟として三十一人の名があげられています。国ごとに分けると、次のとおりです。

常陸国　入西　順信　慶西　実念　安養　入信　念信　乗信　唯信　慈善　善明
　　唯円　善念　頼重　法善　明法　証信　乗念

下野国　真仏　慶信　信願　覚信　尼法仏

下総国　性信　信楽　善性　常念

武蔵国　西念

奥州　如信　无為子　是信　本願　唯信　唯仏

越後国　覚善
洛中　遵蓮　宗綱　尋有　兼有　蓮位　賢阿　善善　浄信
（不明）西願

この『交名牒』には、門弟たち、つまり親鸞の孫弟子にあたる人たちの名も記されています。そして『交名牒』の最初の部分に、「上人面授口決門弟末弟共所記三百十余人」とありますので、親鸞面授の門弟は三百十人あまりもいた、ということになります。

ちなみに願入寺本『二十四輩牒』によると、

性信（下総国豊田庄横曾根）　真仏（下野国大内庄高田）　順信（常陸国富田）　乗然（常陸国南庄）　信楽（下総国大方新堤）　成然（下総上幸嶋市野谷）　西念（武蔵野田）　性証（下野戌飼高柳）　善性（下総豊田飯沼）　是信（奥州和賀郡）　無為信（奥州）　善念（常陸久慈東）　信願（下野アワノ志賀崎）　道円（常陸奥郡）　定信（常陸中西アワ）　念信（常陸毘沙幢）　入信（常州久慈郡東八田）　明法（久慈西楢原）　慈善（奥郡村田）　唯仏（常陸吉田枝川）　唯信（常陸奥郡戸森）　唯信（奥郡ハタヤ）　唯円（奥郡トリハミ）

とあります。後世、性信から第一、第二、第三、と順番がつけて呼ばれることになります。なかでも有力者であったのは、のちに二十四輩第一とされた報恩寺の開基性信、第二の専修寺の真仏、第三の無量寿寺の順信等です。そこで、この三人を中心に見ていきたいと思います。まず真仏とその門弟の顕智から見ていきます。

三　主な門弟の生活と信仰

親鸞の門弟は武士か？　農民か？

真仏は、西暦一二〇九年に生まれました。常陸国真壁の豪族椎尾氏の出身であるといわれています。そうではなくて、専修寺の地元の豪族大内氏の出身であるともいわれています。

どこの武士の出身であっても、あるいは農民であってもかまわないようなものですが、かつて昭和二十年代から三十年代に論争があったのです。それは親鸞の門弟たちの社会的階級は武士か農民かという論争でした。これは第

真仏坐像（栃木県二宮町・専修寺蔵）

二次大戦後の労働運動の高まりに伴っていたものと思われます。当時の支配階級であった資本家の政府を倒し、非支配階級である労働者・農民の政府を作ろうという主張につながっていました。

親鸞は労働者・農民の味方である、関東の草深い農村で農民のために支配者と戦っていたのだ、という考えかたが根本にありました。そうすると、その考えかたからは当然、親鸞の門弟たちは農民ということになります。

しかし実際のところ、武士出身としか思えない門弟もいましたので、このような論争になったのです。親鸞が自分を悪人であるとする内省の深さなどは、人や生き物を殺さざるをえない武士の罪業観を反映しているとして、門弟の中心は農民であっても武士のそのような内省心がもとにあるのだ、とする考えかたもありました。

でも論争はいつのまにか立ち消えになってしまいました。それは昭和四十年代の日本の経済的発展が背景にあります。政府を敵視する感情がいつのまにか日本の国内で弱くなっていったからです。

それに農民説は明らかな誤りです。もともとこの説は無理だったのです。その理由は、親鸞の生きていた鎌倉時代、ほとんどの農民たちには宗教を選択する権利はなかったからです。それを持っていたのは領主である武士たちです。外からやってきた親鸞の布教に応じることができるのは武士たちだったのです。

　事実、二十四輩第一の性信は鹿島神宮の神主の一族とされています。神主というのは、今日からでは想像がつきませんが、鎌倉時代は武士なのです。農村の支配者なのです。二十四輩第二の真仏は、先に申しましたように椎尾氏あるいは大内氏という武士の出身です。真仏の息子は近隣の大豪族結城氏の婿に迎えられたと伝えられています。

　二十四輩第三の順信の出身も鹿島神宮の神主の一族とされています。これも武士で、片岡氏といいます。二十四輩第四の常念は順信の弟と伝えられていますから、同じように武士です。

　これを見ただけでも、主な門弟たちは武士の出身であったことがわかります。その武士たちが、自分の領地の農民たちに親鸞の宗教を信仰することを許し、あるいは強要することはあったでしょう。しかしその場合でも、あくまでも主体は武士です。

真仏と顕智――高田門徒

　親鸞の四十通あまりの手紙のなかに、真仏宛のものが三通あります。そのうちの正嘉元年十月十日の手紙には、
　　華厳経にのたまはく「信心歓喜者、与諸如来等」

とか、

弥陀の第十七の願には「十方世界、無量諸仏、不悉咨嗟、称我名者、不取正覚」とちかひたまへり。

あるいは「願成就の文には〝よろづの仏にほめられ、よろこびたまふ〟とみえたり」などとあります。

真仏は親鸞のこれらの手紙の内容を理解できたはずですから、仏教についての十分な素養を持っていたものとして間違いありません。真仏は親鸞と三十五歳も年齢が離れていました。ということは、親鸞が四十二歳で関東へ来たとき真仏はまだ七歳であったということになります。いくらなんでも、そのときには放浪の僧というに等しい親鸞の門には入っていなかったでしょう。親鸞が六十歳で京都に帰ったとして、真仏は二十五歳です。いずれにしても、若い時代に親鸞の門弟となった真仏は熱心に勉強したものと思われます。

真仏は、親鸞に先立ち、五十歳で亡くなってしまいました。そのとき親鸞は八十五歳でした。親鸞はずいぶんと嘆いたものと思われます。

真仏の門弟でその娘婿となった顕智も、親鸞の面授の門弟でした。真仏の次に専修寺の住職となったのは、この顕智です。また先に述べましたように、真仏の実子の真証は豪族結城氏の婿になったと伝えられています。

さらに真仏の他の門弟の専信は、これまた親鸞面授の門弟でありまして、親鸞にずいぶん頼りにされていました。親鸞の建長八年五月二十八日付の手紙に、

専信坊、京ちかくなられて候こそ、たのもしうおぼえ候へ。

「専信が京都の自分の住まいの近くに来てくれたので心強いことです」とあります。これは真仏が亡くなる前の年のことです。そしてこの専信は、親鸞が亡くなって荼毘《だび》に付されたときに親鸞の近親や顕智とともにお骨を拾っています。真仏には他にも有力な門弟がおり、多士済々という感があります。彼らは高田門徒といわれるようになります。

ところでこのように親鸞に親しい高田門徒ですが、信仰の純粋性という観点からいうと重大な問題があるのです。それは真仏・顕智をはじめとする高田門徒が善光寺如来を信奉していた、という問題です。

下野国高田は善光寺如来の信仰の一つの拠点でした。そもそも、専修寺は善光寺如来を安置する如来堂がもとになって造られたものなのです。真仏・顕智も善光寺如来の信仰を広める善光寺聖（ヒジリ）でありました。特に顕智については、後に三河国に展開した高田門徒が『三河念仏相承日記』という記録のなかで「顕智ヒジリ」とはっきりいっていますから、間違いないでしょう。では善光寺如来を信仰することがどのように問題なのでしょう。

まず、善光寺如来は阿弥陀仏ではないということです。阿弥陀仏と同一視されることもありますが、明らかに違います。根拠は指の形、つまりは印相です。阿弥陀仏は、親指の先と人差し指・中指・薬指のいずれかの先とを合わせています。しかし善光寺如来は、どの指も合わさず、人差し指と中指とを真っすぐに伸ばし、他の三本の指を折り曲げています。ジャンケンの、チョキの形です。さもなければ、指は全部伸ばしています。

善光寺如来は西方十万億土の彼方に住むのではなく、日本の信州の長野に住む生身の仏として平安時代末から鎌倉時代に広まりました。それは東国を中心にして全国に広まっています。広める上で大きな役割をはたしたのは善光寺聖と呼ばれる人たちです。彼らは中尊が一尺五寸、脇侍が一尺、光背が一枚の一光三尊仏を笈《おい》のなかに入れ、背負って各地をめぐり歩いたのです。その根拠地の一つが下野国高田ということです。

では、真仏・顕智をはじめとする高田門徒は親鸞の教えと善光寺如来の教えをどのように融和させていたのでしょうか。さらにいえば、親鸞の教えは正しく高田門徒に伝えられていたのでしょうか。高田門徒が阿弥陀仏と善光寺如来の違いに気がつかないはずがありません。親鸞の教えを純粋に守ろうとするならば、たとえ親鸞の教えを受ける前は善光寺如来の信仰に生きていたとしても、親鸞の教えに出会ったならば善光寺如来の信仰は捨てるべきではありませんか。しかし捨てた様子はありません。親鸞の息子善鸞は親鸞の教えを正しく受け継いでいないとして攻撃され、それが何百年も続いて今日に至っているのです。高田門徒には信仰の純粋性という点からは善鸞を非難することはできないというべきではないでしょうか。

実際のところ、真仏や顕智の正確な信仰内容は不明です。これはひとえに彼らの信仰を具体的に知る資料が残っていないことによります。そうであればなおさら、親鸞の門弟たちの信仰を云々するときには慎重であらねばならないのです。私は決して高田門徒の信仰のあり方を非難しているのではありません。そうではなくて、親鸞の信仰を高田という地域のなかの生活に生かしていった彼らの努力に敬意を表しています。その上で、今日の私たちが高田門徒の生きかたと信仰をどのように考えていくかという観点からの問題提起なのです。

つけ加えれば、今日は真宗高田派となった高田門徒は親鸞の自筆の書籍・書状などをもっとも多く所蔵しています。これは何代にもわたる彼らの収集の努力による成果です。

性信——横曾根門徒

横曾根門徒と次項の鹿島門徒につきましては私もずいぶん調べまして、その成果は『親鸞と東国門徒』（平成十一年）のなかに収めておきました。

性信坐像（茨城県水海道市・報恩寺蔵）

性信は文治三年の生まれで、親鸞より十四歳の年下です。出身は常陸国の鹿島神宮の神主である大中臣氏といいます。先ほどお話ししましたように、そのころの神主は武士にほかなりません。親鸞の門弟になったのは、『二十四輩次第記』や報恩寺所蔵の『報恩寺開基性信上人伝記』などによりますと、親鸞がいまだ京都の法然のもとにいた三十二歳のときといいます。そのころ性信は十八歳であったとされています。

　性信は親鸞の越後流罪にも一緒についていき、関東に行くのにも従ったといいます。親鸞が京都に帰ったのちは横曾根を本拠地として念仏の布教に努めました。親鸞が京都に帰ったときには性信は四十六歳であったという計算になります。

　親鸞が性信に宛てた手紙は五通残っています。門弟のなかでももっとも多い数です。その他、文中に性信の名前が出る親鸞の手紙が二通あります。性信は親鸞に厚く信頼されていたということができますし、のちに親鸞門弟二十四輩の第一とされました。

当然、親鸞は性信に信仰の真髄を伝えていたものと考えられます。正嘉元年十月十日付の性信宛の親鸞の手紙には、

信心をえたるひとは、かならず正定聚のくらゐに住する

などと記されていますし、「弥勒とおなじ」「如来とひとし」ということばも散見します。

また性信は、親鸞が京都に帰ってから十数年して関東で起きた門弟たちの信仰にかかわる訴訟問題につき、先頭に立って問題解決にあたりました。訴訟は鎌倉幕府に持ち込まれていたので、性信は鎌倉まで出向いて努力し、ついに裁判に勝ちました。年末詳の性信宛の親鸞の手紙に、

鎌倉にての御うたへのやうは、おろ〳〵うけたまはりてさふらふ。

とか、同じく年未詳十一月九日付の手紙に、

念仏のうたへのこと、しづまりてさふらふよし、

などとあります。

もう一つ、親鸞が性信を信頼していたことを示す参考資料として、報恩寺に伝えられてきた親鸞の主著である自筆の『教行信証』があります。これは通称、坂東本《ばんどうぼん》『教行信証』といわれて国宝に指定されています。『報恩寺開基性信上人伝記』等の性信関係の伝記によりますと、親鸞が帰京するとき性信は箱根まで見送り、この『教行信証』を与えられて

関東の布教を依頼されたというのです。

同じような話は、親鸞の他の門弟についてもあります。親鸞の帰京のとき箱根まで送っていって親鸞自刻の親鸞像を与えられ、布教を任されたなどという話です。報恩寺に伝わる話が事実かどうか、また事実としても、報恩寺に伝えられた坂東本『教行信証』が親鸞から与えられたものかどうかは、これからも検討を続けなければなりません。

なお、この書物を坂東本というのは、報恩寺が通称「坂東報恩寺」と呼ばれているからです。「坂東」というのは、「関東」の中世風のいい方です。親鸞が活躍していたころは「関東」といえば鎌倉幕府のことを意味しました。

また性信には『真宗聞書』という著書がありました。親鸞の年未詳五月二十九日付の手紙に、『真宗聞書』について触れています。私はこの手紙全体の信憑性には問題があると考えているのですが、『真宗聞書』について触れている部分にも問題があるかどうか、それは今後の検討の課題です。そこには、

真宗のきゝがき、性信坊のかゝせたまひたるは、すこしもこれにまふして候やうにたがはず候へば、うれしう候。真宗のきゝがき一でうはこれにとゞめおきて候。

「性信の書いた『真宗聞書』は私の教えている内容と少しも違っていませんので、とてもうれしいです。これは私の手元にとどめておきます」と親鸞はいっているとあるのです。

『真宗聞書』は何種類かの写本が今日に伝えられています。これは私が『親鸞面授の人びと』（坂東性純氏等と共著、平成十一年）で活字にしました。しかし、どれがほんとうに性信が著わしたものかわかりません。それに、それらの写本が親鸞の教えを正しく伝えているかどうかというと、実は否定的にならざるをえない状態です。

横曾根門徒の信仰

そして真仏と高田門徒の場合と同じように、性信と横曾根門徒が親鸞の教えを正しく受け継いでいるかどうか、という問題があります。高田門徒の場合は、善光寺信仰が問題でした。性信と横曾根門徒にもやはり疑問があるのです。それは、彼らは真言宗の教義との関係が強いのではないかということなのです。

性信が開基の報恩寺は、もと真言宗の大楽寺というお寺でした。このことがすでに真言密教の影を推測させます。そして現在の報恩寺には真言密教関係の仏像がいくつか伝えられています。ただし、鎌倉時代にその制作年代がさかのぼりうるものはありませんが。

親鸞の手紙を集めた書簡集がいくつかあります。そのなかの一つに『血脈文集』あるいは『親鸞聖人血脈文集』と呼ばれる本があります。これは、現在は室町時代末期の写本しかありませんが、もとは鎌倉時代、それも性信が活躍していた時期に編集されたのではないかという古田武彦氏の説があります。古田氏の『親鸞思想』（昭和五十年）によると、本書は真言密教関係の用語で骨格が構成されているといいます。

また群馬県邑楽郡板倉町に宝福寺という昔から真言宗だった寺院があります。ここは鎌倉時代、上野国佐貫庄板倉と呼ばれていたところです。この寺院には鎌倉時代末期の延文六年に造られた性信の坐像が安置されています。その性信坐像には銘文があり、

上野国佐貫庄板倉法福寺先師横曾根性信上人御影

とあります。「法福寺」とは明らかに現在の宝福寺のことですし、「御影」とは肖像のことです。したがって真言宗の寺院の先師が性信であるというのです。

茨城県東茨城郡茨城町の円福寺に、鎌倉時代末期の徳治二年（一三〇七）に造られた阿弥陀如来立像があります。この銘文に、「証智比丘尼御等身也」「南無証智比丘尼」「供養導師沙門性雲五十一歳、洛陽醍醐三宝院門徒内大臣久我大臣」「南无無碍光如来」などとあるのです。証智比丘尼は性信の娘で、性信に続く横曾根門徒の第二代の指導者です。性雲は『親鸞聖人門侶交名牒』にも出てくる性信の門弟です。洛陽醍醐三宝院は、京都の醍醐寺の中心寺院のことです。

興味深いのは、阿弥陀如来が証智比丘尼の等身大に意識して造られ、しかも「南無証智比丘尼」と証智比丘尼が崇拝の対象になっていることです。親鸞のことを「南無親鸞」な

どということがあるでしょうか。そんなのは聞いたことがありません。真言宗の大寺の名前も堂々と出てきます。

以上を総合すれば、性信と横曾根門徒は真言宗と親しく、親鸞の教えと真言宗とを融和させていたことが推定されます。

高田門徒のところで申し上げたことをもう一度繰り返せば、私は性信と横曾根門徒のこのようなあり方そのものを非難しているのではない、ということです。私の立場は歴史学の研究で、昔の実際の様子はどうであったのか。社会の課題は何であったのか。昔の人は何を考えていたのか。それを調査して今日の私どもの生きていく上での糧としたい、ということなのです。その調査の結果として、やはり横曾根門徒も親鸞の教えをそのまま受け取っていたのではなく、自分たちの生活にあわせて工夫して身につけていったのだ、ということがわかります。

順信――鹿島門徒

順信は信海ともいいます。正式には順信房信海です。順信が手紙などに署名するときには、必ず「信海」という名前を使います。順信は鹿島神宮の神主の息子で父の名は片岡信親であったといいます。鹿島神宮家には中臣氏と大中臣氏という二つの系統があるのです

順信坐像（茨城県鉾田町・無量寿寺蔵）

が、片岡氏は大中臣氏の系統でありました。父を別の名で記す資料もあり、はっきりしないところもあります。

しかし西本願寺が所蔵する「信海等連署書状」「信海書状」などと呼ばれている順信自筆の手紙によりますと、順信はいかにも立派な花押を捺しています。つまりはサインを書いています。これは順信が神主の一族の主流に近い出身、そうでなくともかなり勢力のあった武士の出身であったことを思わせるものです。

順信については、残念ながら真仏や性信のように親鸞からの自筆の手紙が残っているということはありません。しかし順信は親鸞が亡くなったあとの娘覚信尼一家の援助にたいへん尽力しています。弘安五年十一月二十四日付の覚信尼の長男覚恵宛の手紙も、順信の自筆が残っています。

いわゆる「鹿島門徒」という表現が史料に見えるのは、かなり遅いのです。それは存覚の『存覚一期記』に出てきます。存覚は覚恵の孫で、覚如の長男です。系譜は覚恵―覚如

―存覚となります。この書物は存覚の晩年に書かれたもので、十四世紀後半の成立です。このなかの正安三年（一三〇一）冬の項に、

長井道信鹿島門徒依二黒谷伝九巻新草所望一在京、仍大上令レ草レ之給、

とあり、そのなかの割注に「鹿島門徒」とあるのが初見です。つまり、鹿島門徒である長井道信（導信）が、新しい法然の伝記を書いて欲しいという希望で京都に来ていました。そこで覚如が執筆されました、という内容です。黒谷伝というのは法然の伝記です。真宗では法然のことを黒谷上人と呼ぶことが多くありました。法然は、もと比叡山横川の黒谷に住んでいたからです。大上というのは覚如のことです。

覚如が著わした法然の伝記は『拾遺古徳伝』という名称です。これに絵をつけたものが『拾遺古徳伝絵』です。鹿島門徒の本拠地の無量寿寺では、ずっと『拾遺古徳伝絵』を伝来してきました。『拾遺古徳伝絵』には中世の写本が何本かありますし、無量寿寺本が原本かどうかはまだ不明です。しかし現存する諸本のなかで、もっとも古い時期の一三〇〇年ころに完成したものと考えられています。近世初頭に火災に遭っているのが残念ですが、国の重要文化財に指定されています。私が解説を付し、『拾遺古徳伝絵』（平成六年）として出版してあります。

さて、「鹿島門徒」ということばが成立する前の鹿島地方の門徒たちのくくり方として

は、「鹿島のひとびと」といった表現が原形と考えられます。親鸞の手紙に、「鹿島・なめがたのひと〴〵」「鹿島・行方《なめがた》、そのならびのひと〴〵」「鹿嶋・なめがた・奥郡」という表現が何度も出てきます。

「なめがた」は行方郡で、現在の茨城県の北浦の西岸地帯、北浦と霞が浦に挟まれた地域、「鹿島」は鹿島郡で北浦の東岸、太平洋と北浦に挟まれた地域、そこから北へ広がる地域です。中世の鹿島郡は現在よりも広く、現在の茨城町も入っておりました。奥郡は茨城県の北部です。ほぼ、水戸市を含んだ那珂川より北の地域です。

順信には『信海聞書』という著書があります。これは順信が親鸞から受けた教えを弘安八年（一二八五）に筆記したものです。現在では応安六年（一三七三）に書写したものしか残っていません。また、その最初の部分は失われてしまっています。残っている部分を検討いたしますと、まずはじめは中国の善導の『観無量寿経疏』によって『観無量寿経』を分析して阿弥陀仏や名号の功徳を説いています。次には『無量寿経』を、最後にはインドの世親の『浄土論』を取り上げて分析し、浄土の救いを説いています。

善導は称名念仏を強調した唐代の僧で、親鸞の師匠の法然はこの善導の『観無量寿経疏』によって専修念仏の道を開いたのです。ですから、善導は日本の浄土宗・浄土真宗、さらには時宗・融通念仏宗などの開祖ともいえる人物なのです。

『信海聞書』に使われている用語は、親鸞の著書である『教行信証』『入出二門偈』『一念多念文意』『唯信鈔文意』等で使われている用語と一致するものが多いのです。したがって『信海聞書』が、親鸞の著書をよく勉強して著わされたことは間違いありません。ですから順信や鹿島門徒が親鸞の教えをよく学んでいたことは確かでしょう。

鹿島門徒と鹿島信仰

しかし鹿島門徒の信仰にも、鹿島の神に対する関係とからめて検討しなければならないことがあるのです。彼らは鹿島信仰をどのように受けとめていたのでしょうか。

鹿島神社は、古代の大化の改新で活躍した藤原鎌足との関係により、藤原氏に大切にされてきました。藤原鎌足はもと中臣鎌足といい、鹿島神宮の神主の出身だったといいます。鎌足の子孫で、やはり中臣を名のった人たちがいます。そのうちの一部が鹿島に帰って、これも神主になりました。そして彼らは大中臣を名のったのです。その結果、鹿島地方には神主家としての中臣氏と大中臣氏とが並び立つようになったのです。

それはさておき、藤原氏に崇拝されていたということもあって鹿島神社は古代から全国に知られていました。平安時代には常陸国一の宮になりました。一の宮というのは、その国で一番有力であるとして朝廷が各国について定めたものです。また鎌倉時代にも、関東全体の宗教界や世俗の世界に圧倒的な勢力を誇っていました。

鹿島門徒がこのような鹿島神社のお膝元にいるのであれば、彼らが鹿島信仰を無視して生き残ることはできないでしょう。また、鹿島門徒は鹿島信仰の広がりを手がかりにして太平洋岸に沿って北上し、陸奥国南部にまで信仰圏を伸ばしていったのだ、という意見もあるのです。それに第一、順信は鹿島神社の神主の出身とされているのです。

親鸞は『教行信証』を執筆するための参考文献を読むために鹿島神社の図書館に通ったという説があります。確固とした根拠はなく、いまだ伝説にとどまっているのですが、親鸞が多くの書物を必要としていたのは事実と考えられます。

親鸞と神祇不拝

従来、親鸞はひたすらなる阿弥陀仏への信仰によって生きていたのであって、日本の神々である神祇は崇拝するはずがないと考えられてきました。神祇不拝という見かたです。この見かたに立つと、あの親鸞が神社に通っただろうかという越えがたいやっかいな壁にぶつかります。しかし神祇不拝は、基本的には親鸞の門弟への手紙を根拠にしていわれた説であります。手紙は門徒からの質問に対する返答という性質の内容がほとんどです。ですから、神社にもどんどんお参りしてもいいよ、とはいえませんね。

現在では、神祇不拝は文字どおり受け取ってはいけないのだ、と学界でも見られています。建て前論ではなく、事実はどうだったのだろうという観点で調査し、考えていくべきでしょう。

建て前論といえば、これから申し上げるような建て前論を作ることもできます。常陸国で生きようという親鸞が、常陸一の宮であり、それどころか関東全体の宗教界と俗界に隠然たる勢力を有する鹿島神社に参詣することは不自然とはいえません。特に目的が図書閲覧ということであれば。図書閲覧といっても、仏教経典の閲覧ですから、間違いなく誤った宗教活動ではありません。まして親鸞は藤原氏の一族である日野氏の出身です。鹿島神社は古代以来藤原氏によって崇拝され守られてきた神社ですから、参詣して当然です。このような建て前論を作ることもできるのです。

ただし神祇不拝の説は、神社と寺院とは宗教が根本的に違うのだ、という学問的考えかたの時代に主張された考えかたです。現在では、佐藤弘夫氏の『アマテラスの変貌――中世神仏交渉史の視座――』(平成十二年)に見られるように、神道すなわち神祇信仰と仏教との関係の見直しが進められています。この点についていえば、私は、当時の一般の人びとの実際の信仰の場面においては神祇信仰と仏教とを区別していなかったとすべきであろう、と考えています。

現代でも、私たちが神社と寺院に参詣するとき、その教理の内容を詳しく心に思い浮べて行くでしょうか。さっきは神道という宗教の建物にお参りし、その崇拝対象を拝んだ、今度はまったく違う仏教という宗教の建物にお参りし、拝む。こんなことをしていていいのだろうか。違う宗教を何の反省心もなく信仰していいのだろうか。私たちはこんな風に思うでしょうか。思いませんね。

だからといって、鎌倉時代の人たちも同じであったと短絡的に結びつけてはいけないのですが、ともかく、神祇不拝といわれてきたことは検討し直さなければなりません。

また、親鸞の草庵があった稲田から南方の鹿島神社への道筋には、非常に多くの親鸞鹿島神社参詣譚が残っていることにも注意をしておかねばなりません。その理由は、第一に、親鸞自身の鹿島神社参詣に結びつく資料がある可能性があることです。第二は、鹿島門徒の信仰内容を物語っていることです。

以上をまとめますと、鹿島門徒も親鸞の信仰と鹿島神社の信仰とを融合させていた可能性が大であるということです。『信海聞書』の存在にかかわらず、鹿島門徒は親鸞の信仰を純粋には受け継いでいなかったと思います。そしてそれはまた、あらためて申し上げれば、彼らが自分たちの環境と生活条件に即して、親鸞の信仰を受けとめ、生かしていったということになるのです。

親鸞と唯円――『歎異抄』の立場から――

一　はじめに

『歎異抄』は、親鸞から唯円が聞いたことを文章としてまとめたものといわれています。正確にいうと、それは十分な根拠があるわけではありません。『歎異抄』のどこかに「著者唯円」などと書いてあるのでもなければ、唯円か誰か他の人が書いた記録にそのようにあるのでもありません。

ただ『歎異抄』の本文の中に、親鸞が唯円に呼びかけている部分が二カ所あり、そこに唯円の名が出てくることをもって著書は唯円であると推定されているのです。中世の書物が筆者を知らせる方法としては、このようなやりかたであったのだ、といわれているからです。でも、はたしてそうなのか、なかなかむずかしいところであります。

また「唯円」という名前にしても、一筋縄では行かないのです。親鸞の弟子あるいは孫弟子としての「唯円」は何人もいるのです。一人ではないのです。困ったものです。

唯円のことは後にいたしまして、まず私が『歎異抄』という書物の内容についてどのように考えているか、お話ししたいと思います。そしてそのことを、『歎異抄』と唯円について考えていく最初の手がかりにしたいと思います。

その前に、皆様方ご存じのように、『歎異抄』に関する研究書・注釈書は非常に多いということを申し上げておきましょう。知られているかぎり、最初の注釈書は江戸時代の元禄五年（一六九二）ころに出版された円智という人の『歎異鈔私記』です。また江戸時代の古典的注釈書として深励《じんれい》の『歎異鈔講林記』、了祥《りょうしょう》の『歎異鈔聞書』があります。『歎異抄』の著者を唯円としたのは了祥です。

明治時代に入ると、一種の秘書であった『歎異抄』の重要性を再発見した暁烏敏《あけがらすはや》に『歎異鈔講話』があります。そして昭和には島地大等の『歎異鈔講讃』、梅原真隆の『歎異鈔講義』、曾我量深の『歎異抄聴記』、金子大栄の『歎異鈔聞思録』などがあります。つい近年でも、梯《かけはし》實圓氏の『聖典セミナー　歎異抄』(平成六年)、坂東性純氏の『新講歎異抄』(平成十一年）などの大著が出版されています。たぶん、将来も続々と出版されることでしょう。

二　『歎異抄』と私

私には『歎異抄』について、強烈な思い出があります。もうずいぶん前の、私が大学院で勉強していた時期のことです。そのころ私はなかなか研究が進まなくて困っていました。研究が進まないどころか、どうしたらよいか、いろいろ工夫に工夫を重ねていたのですが、その研究生活の最初の出発点にも立てない状況でした。

かろうじて大学院の修士課程を修了しましたが、そのときに書いた修士論文は、自分で読んでもまったくおもしろくなかったのです。新鮮味がありません。そして博士課程の入学試験にも合格しましたが、よく先生方が入学させてくださったと思います。

私は修士課程に入る前に結婚していましたし、博士課程に入る前に長女が生まれていました。いわば後戻りすることができない状態でして、先へ進むことしかできませんでした。それなのに書いた論文はおもしろくない。自分でおもしろくなければ他人様が読んだらもっとおもしろくないだろう、どうしようと悶々としていました。

博士課程入学の直前の三月下旬、私は友人の結婚式に招待されて出席しました。たまたま私の隣の席に坐られた、ある大学の若々しいA先生が、とても友好的に私を扱ってくれ

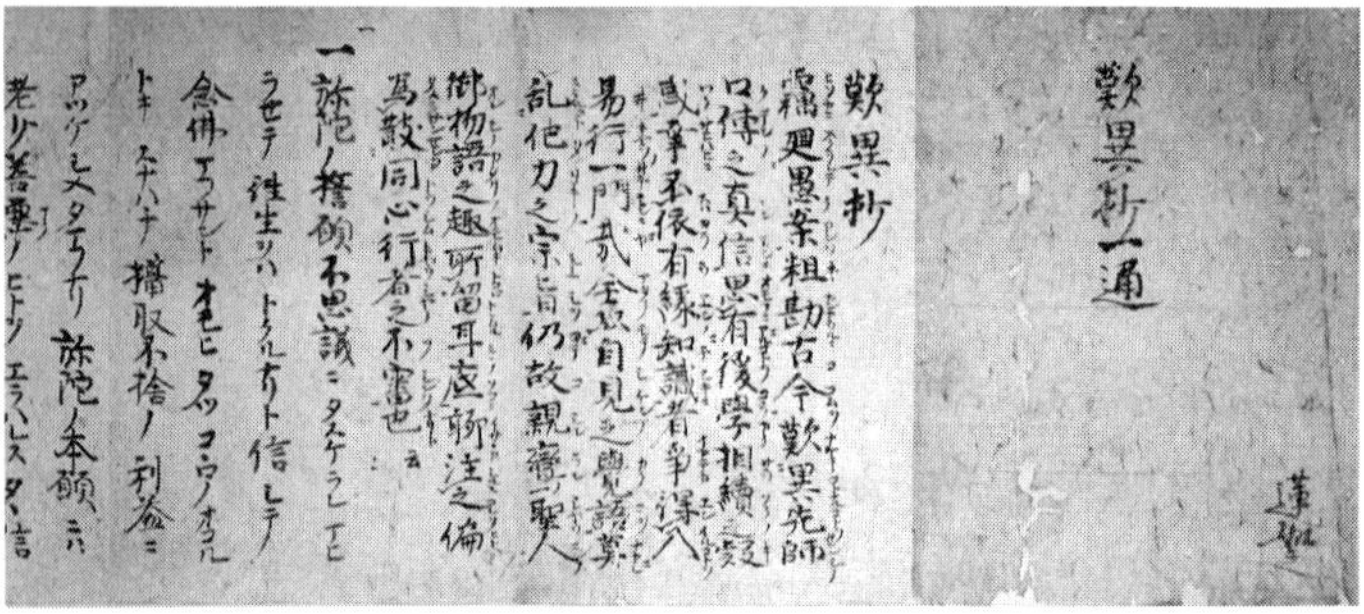

『歎異抄』（西本願寺蔵）

ました。そのA先生は若手の仏教史の研究者として有名で、私もその名を知っていました。それで、これがあのA先生か、こんなにやさしいのかと意外に思いました。

博士課程に入ってからも、どのように研究を進めたらよいのか、前が見えません。頼りにしていた少人数の史料を読む会も開かれないとわかって、私はますます窮地に陥った思いでした。そのとき、たまたま、あの結婚式で知り合ったA先生が中世仏教史の研究会を毎週開く計画であるということを聞きました。そこで、隣り合わせになっただけの縁を頼りに、参加させてください、と人を介してお願いしました。最初、なんだろう、という顔をされたそうですが、快く認めてくださいました。

私は必死だったので、A先生の大学へ毎週通いました。ところが予想よりその研究会の勉強が厳しくて、数人いた大学院生クラスのメンバーが一人抜け、二人抜け、とうとう夏休みに入るころには私だけになってしまいました。そして夏休みに水戸である学会があり、一緒にいきませんかと誘っていただきました。上野から水戸までの二時間半くらいの常磐線のなかで、あらためていろいろな学問研究上のお話を聞かせていただきました。そこで、私が壁として悩んでいたことの一つについて、A先生の方からご意見をいただいて、文字通りはっと目がさめる思いをしました。窓の外の明るい日差しとともに、いまだにそのときのことは記憶に鮮明です。

その後もおりに触れて教えを受け、A先生の学問を学ぶうち、その方法論を拝借して論文を書いてみました。私はそのころ時宗の開祖の一遍について研究していました。しかしおもしろくないのは、申し上げたとおりです。A先生のはおもしろい。A先生の研究論文は、動きのある、山あり谷ありの論文構成なのです。それを黙って拝借して一遍について論文を書いたところ、自分でも舌鋒鋭く書けたなと思えまして、友人の間でも好評でした。ああ、これかなと、自分の行く先が見えかけた思いでした。そのうちに工夫しながらいくつか論文が書けるようになりました。

もうこの先生についていくしかない、おそらく、この道は間違っていない、かりに間違っていたとしても、まったくダメだった自分をここまで引き上げてくださったのだから後悔することはない、これに賭けよう、と何度も思いました。そのころに湧き上がるように思い出されてきたのが『歎異抄』第二章にあります、たとひ、法然上人にすかされまいらせて、念仏して、地獄におちたりとも、さらに後悔すべからずさふらふ。

という親鸞のことばなのです。

「念仏を称えれば極楽へ往けますよ、と法然上人に騙されて教えられ、念仏を称えて地獄に堕ちても、私はまったく後悔はいたしません」と親鸞はいいました。親鸞は二十九歳のとき、それまでの二十年間の修行ではどうしても悩みが解決できなくて、法然のもとに百日間通って、その専修念仏の教えに惹きつけられました。この法然に出会うまでの親鸞の悩みと、法然の教えを受けられるようになったうれしさとを思って、私は感動せざるをえません。親鸞の法然に対する心からの信頼を表わしたのが、この『歎異抄』に示されている文章だと思うのです。

自分の立場を親鸞の立場になぞらえるのははなはだ僭越であるということはよくわかっておりますが、あのころの私はそのような気分でした。申し訳ありませんが、僭越だ何だといっている余裕はありませんでした。なにせ妻子を抱えて先へ進まなければなりません。親鸞のこのことばを頼りに、あのA先生の教えに従って励もうと、「法然上人」と「念仏」とをいい換えて、「たとひA上人（その先生は僧籍もありましたので）にすかされまいらせて、学問して、地獄におちたりとも、さらに後悔すべからずさふらふ」と、私は何度も心のなかで繰り返しました。

今でも、昔の人の文章で何が一番好きかと問われれば、ためらいなく「たとひ、法然上人にすかされまいらせて、念仏して、地獄におちたりとも、さらに後悔すべからずさふらふ」という文章を挙げたいのです。では、この『歎異抄』第二章について、あらためて検討してみたいと思います。

三　『歎異抄』第二章と中世人の思考方法

法然への信頼

『歎異抄』は、まず最初に漢文の序文があります。それから全十八章の文があります。これが『歎異抄』の全体構成です。「章」というのは、後世の人がかりにつけたものです。『歎異抄』は原本が残っていません。写し、つまり写本だけで伝えられています。これから原本が発見される可能性がないとはいえませんが、まあ、ないでしょう。少なくともそれを期待し、発見されるまで研究を控える、というわけにはいきませんね。

このようなことを申し上げるのにはわけがあります。唯円または誰かが執筆した『歎異抄』原本の全体構成は、現在に残る『歎異抄』とは異なっていたという説があるのです。

これは近年、佐藤正英氏が『歎異抄論註』(昭和六十四年)のなかで主張されています。

全体構成が異なれば、当然、その本が主張したいことが違ってきます。少なくとも、重点の置きどころが違います。すると、現在の形の『歎異抄』は、正しく当初の主張を伝えているだろうか、という問題に発展することになるのです。でも今のところ、『歎異抄』原本の全体構成が異なっていたというのは、仮説にとどまります。そこで『歎異抄』第二章ですが、この章は、

一、各、十余ケ国の境をこゑて、身命をかへりみずして、たづねきたらしめたまふおんこゝろざし、ひとへに、往生極楽のみちを、とひきかんがためなり。

から始まります。関東から京都の親鸞のもとへ、門弟たちが訪ねて来たときの問答を記しているのです。農民が、信仰の問題のために耕作地を離れて京都へ来るなんて考えられません。領主である武士が許可することはまずないでしょう。商人や山村民なら可能性があります。武士は、もちろん十分に可能です。

関東からやってきた門弟たちと交わした会話のなかで、第二章の後半に親鸞が述べたことばから、とても興味深い二つの内容が汲み取れるのです。一つは時代を超えて、過去にも現在にも、そして間違いなく将来にも、私どもの生きる指針となる内容です。それは人間の他の人間に対する信頼がみごとに表わされている、ということです。他の人への信頼

はこうありたい、と思わせられる内容です。それが、先ほどお話ししました親鸞の法然への信頼です。長いですが、その部分の文章をご覧ください。

(a)親鸞におきては、「たゞ念仏して、弥陀にたすけられまいらすべし」と、よきひとの仰をかふむりて、信ずるほかに、別の子細なきなり。(b)念仏は、まことに浄土にうまるゝたねにてやはんべるらん。また、地獄にをつべき業にてやはんべるらん。惣じてもて存知せざるなり。(c)たとひ、法然上人にすかされまいらせて、念仏して、地獄におちたりとも、さらに後悔すべからずさふらふ。(d)そのゆへは、自余の行もはげみて、仏になるべかりける身が、念仏をまうして、地獄にもおちてさふらはゞこそ、すかされたてまつりて、といふ後悔もさふらはめ。いづれの行もおよびがたき身なれば、とても、地獄は一定すみかぞかし。(イ)弥陀の本願まことにおわしまさば、釈尊の説教、虚言なるべからず。(ロ)仏説、まことにをはしまさば、善導の御釈、虚言したまふべからず。(ハ)善導の御釈、まことならば、法然の仰、そらごとならんや。(ニ)法然のおほせ、まことならば、親鸞がまうすむね、またもて、むなしかるべからずさふらふか。

(a)～(d)、(イ)～(ニ)までの記号はかりに筆者〈今井〉がつけました)

この文章の話の筋道は非常に明快です。まず、親鸞は、「よきひと」と敬意をこめて表現する法然に「他の行は何もせずに、念仏だけを称えて、阿弥陀仏にお助けいただきましょう」とおっしゃっていただいて、それを信ずる以外に、何をしようとも思っておりません、と述べています(a)。そして念仏が極楽に生まれるタネになるのか、それとも地獄に堕ちる業となるのか、全然知らない、といいます。それは法然を信頼し、そのいわれることを心から信頼しているので、法然上人のいうことが正しいかどうかなどと自分で判断することはしない、といっているのです。またそのような能力も自分にはない、といっていますす(b)。そして法然に騙されて地獄に堕ちてもまったく後悔はいたしません、といっています(c)。

「後悔すべからず」というのは、「後悔するべきではない」というのではなく、「後悔しない」という自分の気持を表わしているのです。つまりは、「絶対に後悔はいたしません」という決心、法然への心からの信頼を宣言しているのです。

親鸞は、絶対に後悔しないと宣言しました。そしてその理由は、念仏以外の何かの行で救われるはずの自分が、念仏を称えて地獄に堕ちたのなら騙されたという後悔をするかもしれませんが、自分には能力がなくて、どんな行でも達成できないので、来世は必ず地獄に堕ちるしかない身であるからです、と述べています(d)。

ここまでが法然に対する信頼を表明した部分です。私は、一人の人間が他の人間をこんなにも信頼した文章を知りません。人間が人間を信頼するのはこうあるべきだと思います。

そして私たちはできるだけまわりの人たちを信頼すべきだと思うのです。それが人間の社会を少しでもよい方向にもっていくことになると思います。

中世人の思考方法

さて『歎異抄』第二章の（イ）以下の部分が、これまた興味深いのです。これは中世の人びとの思考方法を典型的に表わしています。なぜ法然のいっていることが正しいのか、そして親鸞自身のいうことも正しいのか、その理由を自信をもって説明しているのです。

まず、阿弥陀仏の本願が真実ならば、釈迦の教えは嘘であるはずがありませんといっています(イ)。そして阿弥陀仏の本願が正しいことは『阿弥陀経』『無量寿経』『観無量寿経』などの経典に明らかなことです。当時の人びとにとって、経典は絶対的に正しいのです。阿弥陀仏の教えが正しいなら、釈迦の教えも正しいというのは、仏教の成り立ちからいうと逆転した話だと思いますが、浄土教を信奉する人たちの間ではこのような論理であったと思われます。

続いて、釈迦の教えが正しければ、それを解釈した善導の考えかたが誤っているはずはありません、と続きます(ロ)。善導は中国唐代の念仏僧で、法然は善導の『観無量寿経』に関する解説書である『観無量寿経疏』に出会って専修念仏の道に入ったのです。日本の浄土宗・真宗・時宗・融通念仏宗などの祖とされている人なのです。そこで、善導の解釈が正しければそれを承けた法然の教えが嘘であるはずがないではありませんか、と親鸞は強調します(八)。「そらごと(虚言)ならんや」と文法上の反語を使って感動的に述べています。

そして最後に、法然の教えが真実ならば、私親鸞の申していることも嘘になるはずはありません、と結びます(二)。「むなしかるべからずさふらふか」と、最後は否定のかたちで決然と、しかし、「さふらふか(候歟)」と聞く人の耳にやわらかく説いています。

注目したいのは、古代・中世の人たちは、自分が何か主張をするとき、「自分はこう思う」といきなり説いても効果がなかった、ということです。必ず、世間の人が正しいと納得している古典的な文章を引用して、だからそれにのっとっている自分は正しいとしなければなりませんでした。仏教ならば、まず、経典です。それから経典の解釈書です。これを「論」といいます。さらに「論」の解説書を「疏《しょ》」といいます。経典の解釈書を「疏」という場合もあるようです。善導の『観無量寿経疏』はこれにあたります。もちろん「論」も「疏」も、世間に認められていなければなりません。

親鸞は経典から説き始めて、それを承けた善導、そして法然、法然の教えを承けた自分と、世間の人が納得できるように丁寧に説いているのです。専修念仏の教えは、実をいえば仏教の正統的な教えからはずれています。念仏を称えるだけで極楽浄土へ往生できるとは、また、それ以外の修行を行なう必要がないとは、法然以前の人物は公式には誰一人として説いたことがありません。法然が初めて説いたのです。ですから法然も、そして親鸞も説明に工夫が必要であったのです。

もう一つ、自分が正しいと主張する方法があります。それは皆が正しいと認める人から直接話を聞いた、という主張の方法です。これはあとでお話しします。

また親鸞が聖徳太子を深く尊敬していたことは有名です。この『歎異抄』第二章の文章もそのことを思い出させます。というのは、聖徳太子が説いたことばに、「世間虚仮、唯仏是真」という文があります。この文は、「世のなかは虚し、ただ仏のみ是れまことなり」とも読んで、仏教の真理を表わしたことばとして知られています。聖徳太子は、この八文字によって日本で最初に仏教を正しく理解した人として、和国の教主として有名になったのです。

親鸞の文章には、「弥陀の本願まこと」「仏説、まこと」「善導の御釈、まこと」「法然のおほせ、まこと」、「釈尊の説教、虚言なるべからず」「善導の御釈、虚言したまふべからず」「法然の仰、そらごとならんや」「親鸞がまうすむね、またもて、むなしかるべからず」とあって、明らかに聖徳太子の発言を思い起こさせる仕組みになっています。

四　『歎異抄』第三章と悪人正機説

悪人正機説の広まり

親鸞には有名な悪人正機説《あくにんしょうき》があります。阿弥陀仏がもっとも救いたいのは、善人ではなくて、悪人である、という考えかたです。これは親鸞の信仰の特色として、何百年もいわれてきました。また特に明治時代以降の近代知識人にとって、自分を反省し、生きかたを考える上でのかっこうのテーマでした。親鸞といえば、信心の念仏や報謝の念仏より、悪人正機説が真っ先に思い出される、という状態で今日に来ています。

ところが、近年、悪人正機説は親鸞の専売特許ではないという考えが出てきました。それは法然にすでにあったのだとする考えかたと、法然の門弟たちに一般的な考えかたであったのだとする二つの説があります。後者には、もちろん親鸞も入っています。この二つの説のどちらが正しいかはともかく、悪人正機説が親鸞の専売特許ではないというのは誤った説ではないようです。私たちは考えかたを改めなければなりません。

ただよくよく考えてみますと、親鸞は「悪人正機」や「悪人正機説」ということばは一度も使っていません。後世の人が名づけたのです。そしてまた親鸞の悪人正機説は、この

『歎異抄』第三章によってのみ、明確に知ることができるといってよいのです。さらにこの文章は信仰についても、鎌倉時代人の「悪」についての考えかたを知る上でも非常に興味深いので、ここで検討したいと思います。まず文章を読んでみましょう。『歎異抄』第三章の後半です。

煩悩具足のわれらは、いづれの行にても生死《しょうじ》をはなるゝことあるべからざるを哀《あわれみ》たまひて、願をおこしたまふ本意、悪人成仏のためなれば、他力をたのみたてまつる悪人、もとも往生の正因なり。よりて善人だにこそ往生すれ、まして悪人は、と仰さふらひき。

この文章で説かれていることは明白です。衣食住・家族その他に対する執着心の存在によって、煩悩を有している私たちは、どんな修行方法によっても「生死を離れる」ことができません。「生死」というのは迷いの世界を生き死にすることです。悟りの世界に入れば、生も死もありません。そして善行を積んで自分で悟ることのできない悪人たちを憐れんで、阿弥陀仏が願を起こしてくださったのです。悪人の成仏が阿弥陀仏の一番の目的なのです。したがって、阿弥陀仏の力にすがろうという悪人こそ、極楽往生のための要因なのです。そこで親鸞は、善人でさえ極楽往生するのであるから、まして悪人が往生できないことがあろうかといったのです。

文中に「他力をたのみたてまつる悪人、もとも往生の正因なり」とあるところから、悪人正機説より「悪人正因」説とすべき意見もあります。悪人が往生するというより、悪人であることが往生のための要因であると説かれている、と見るのです。

一般的にいって宗教がいくら悪人を救うといっても、悪人を強調していることにおいて、悪人正機説にはかなり強烈なものがあります。そして、むしろ悪人の方が善人より得をするのかと思わせる印象もあります。これはいったい、どうしてこうなっているのでしょうか。それは、やはり鎌倉時代という社会を知らねばなりません。

人間への注目

まず、鎌倉時代は人間が注目された時代であったと、申し上げねばなりません。それも人並みはずれた、驚くべき能力を持っている人が注目されたのです。それは平安時代末期から始まります。

例えば、武士でいうと、源為朝は強弓を引く者として知られていました。弓術は戦陣に臨む武士としてもっとも身につけるべき技術でした。それに群を抜いて優れていたというのでもてはやされたのです。『保元物語』によると、彼の左手は右手より三寸長かったといいます。そのために弓が引きやすかったというのです。また為朝の長兄源義朝の長男の鎌倉悪源太義平は、叔父つまりは義朝の弟で戦さが強かった義賢を十五歳のときに討ち破って殺し、一挙に名を高めました。源氏の相手方の平家には、これまた戦略を得意として知られた悪七兵衛景清という人物もいます。

貴族には、左大臣で悪左府と呼ばれた藤原頼長がいます。彼は学問が並みはずれて優れていました。しかし自信過剰が災いして保元の乱で殺されてしまいます。さらに東大寺南大門の仁王などを作った仏師として有名な快慶は、自分の作品に「巧匠安阿弥陀仏」と書き込みました。「安阿弥陀仏」というのは、快慶の出家名です。「巧匠」というのは、彫刻の技術に優れた師匠、という意味になります。快慶は自分の技術を誇ったのです。

もともと、古代では彫刻家は現在の感覚でいう芸術家ではありませんでした。いわば半奴隷的な立場で、寺院や朝廷に仕え、いわれるままの彫刻作製の仕事をするだけだったのです。ですから、作品にサインするなどとは、とても考えられませんでした。時代が進むに従って彼らの立場は向上し、ついには誇るべき自分の技術が成し遂げた作品として名前を書き込むまでに至ったのです。ちなみに日本の歴史上、作者がサインをしたのは快慶が最初です。

文学作品においても、特に社会の勢いを示す軍記物のなかで、いろいろな人物が英雄としてもてはやされました。『保元物語』の源為朝、『平治物語』の源義平・平重盛、『平家

宇治平等院鳳凰堂（京都府宇治市）

物語』の平清盛・源義経らです。

では、なぜこのように多くの人たちがそれぞれ優れた能力を持っているとしてもてはやされたのでしょうか。私は、それは平安時代後期に流行した末法思想に原因があると考えています。

永承七年（一〇五二）に社会は末法に入る、と仏教は教えました。末法では釈迦の教えは残っていますが、人間の悟りに至るための能力は落ち、まともに修行できる僧はいなくなってしまいました。したがって人びとを導くべき僧など望むべくもなく、社会は乱れ、天変地異は起こり、人びとの生活は混乱の極に達するというのです。

末法に入るという永承七年は、日本の時代区分でいえば平安時代後期です。またまもなく約百年続く院政期に入ります。白河上皇から始まり鳥羽・後白河と続く院政期には、天皇や上皇・貴族たちがこぞって寺院を保護し、宇治平等院などの堂塔を建て領地を寄進するなど、仏教にお金を注ぎ込みました。大寺院の僧たちは我儘放題となり、寺院のなかは腐敗したといわれてきました。しかし私はそうは思いません。

皆さん、もう末法に入ったのだから誰も救われませんよ、といわれたらどうされるでしょうか。ああそうですか、とすべてを諦めますか。なかにはそういう人もいるかもしれません。しかし多くの人は、ほんとうにそうか、嘘じゃないか、なんとか助かる方法はないかともがくのではないでしょうか。僧たちも、それなら自分がなんとか悟りを開いて人びとを救おうという人も現われるのではないでしょうか。院政期に上皇たちが寺院を過大なほどに保護したのは、この気持の表われであったと思います。

そして末法は人びとの悟りに至る能力が落ちると説明されているのですから、逆に、人間の能力に今まで以上に関心を持ち、優れた能力を持つ人を発見すると、喜びやうらやましさを抱くとともに、それを褒《ほ》め讃えるようになったと思われるのです。ここに時代が、社会が、人びとをして人間の能力に注目させるに至ったのです。鎌倉時代の彫刻が東大寺南大門の仁王像のように、写実的で、かつ筋肉を最大限に強調して表現してあるのは、その表われと考えられます。そして、前に申し上げましたように、源為朝以下の英雄たちが出現するということになるのです。

褒めことばとしての「悪」

ところで、彼らのなかに、「悪」の字をつけて呼ばれた者が何人かいたことに気がつかれたでしょうか。そうです。鎌倉悪源太義平、悪左府藤原頼長、あるいは悪七兵衛景清らです。他にも、悪禅師と呼ばれた者とか、悪僧と呼ばれた僧侶たちもいます。彼らは悪人だったのでしょうか。

しかし、例えば鎌倉悪源太と呼ばれた源義平は、戦さが驚くほど強かったということから「悪源太」と呼ばれたのです。「鎌倉」は義平の住所にちなむ名字、「源太」とは源氏の太郎つまりは長男という意味です。

現在の常識からいうと驚いたことに、「悪」とは褒めことばであったのです。悪左府藤原頼長にしても同じです。「左府」とは彼の官職であった左大臣の中国風のいい方です。彼は驚くほど学問がよくできたので「悪」と通称されたのです。硬いことばでいえば、畏怖の感情が籠っているのです。

もちろん「悪」には、現代風の「悪い」という意味もありました。親鸞のいう、善行を行なうことのできない人間であるところの悪人の「悪」もあります。ではこの時代の悪、ひいては『歎異抄』で説かれている悪とはいったい何だったのでしょうか。

異常な行動としての「悪」

最近の研究によると、「悪」というのは人間以外の存在に突き動かされて発揮する異常な力であるというのです。網野善彦氏はその著『日本中世に何が起きたか』(平成九年)で、人の及びもつかないような力に動かされている人、そうした人のあり方、生きかたが「悪」と呼ばれた、といっておられます。異常な力ですから、人間の常識では考えられない結果をもたらすことになります。悪源太、悪左府、悪七兵衛、悪禅師、悪僧等、その力がよい結果となって発揮される場合と、悪い結果となって発揮されることがあるということでしょう。

それに仏教では因縁という考えかたがあります。すべての事がらには原因と結果があるという考えかたです。現世で私が何かを行なったにしても、それは私自身が新たに作り出したのではなく、前世に何か原因があって、そうしからしめられているのです。つまり現世で「悪」を行なうのも、それが人間以外の存在に突き動かされて行なうわけで、それは前世からの因縁によっているのです。私自身が自力で行なっているのではないのです。

こうして『歎異抄』第三章に見る悪人とは、現代人が考える悪人とは違って、人間の力ではどうすることもできない、自分の気持に反して異常な行動に走ってしまう人間であるということになります。これは不安感と恐ろしさの観念を伴っていたのです。その悪人を助けようというのが阿弥陀仏の本来の目的であるというのです。

考えてみれば、このような悪人になる可能性は誰にでもあるといえるでしょう。それは不安感と恐怖感とを一緒に伴っています。ですから、阿弥陀仏に助けられたのか、ではもっと悪いことをしてみようではないか、それでも阿弥陀仏は救ってくれるはずだし、そうすることが阿弥陀仏の救いの力の大きさを証明することにもなるのだぞ、という考えかたが正しいとして成立するはずがありません。

悪人正機というのは自分から悪を作れといっているのではありません。悪とは、人間以外の存在に動かされて行なうものなのですから。

したがってまた、自分の力で自分が悪を行なうことを妨げることはできない、ということにもなります。ここに阿弥陀仏の慈悲の力である「他力をたのみたてまつ」ろう、ということになるのです。

『歎異抄』第三章の悪人正機説は、私は悪人であるということを自覚しようといった程度の、現代的な観点からの解釈では不足であるといわねばなりません。鎌倉時代の人たちの社会や考えかたを知って初めて、その深い意味を理解することができると思うのです。

五　『歎異抄』序と「耳の底」

漢文体の役割

さて『歎異抄』には、いかにも鎌倉時代的だな、広くいえば中世的だなと思わせる文章が他にもあります。それはほかでもない、『歎異抄』の序文なのです。そこには師匠のことばを直接聞くことの重要性が説かれています。この「直接聞く」あるいは「直接聞いた」ということが尊重されることは、現代では考えられないほどです。まず、その文章を読んでみましょう。

竊《かに》廻《して》二愚案《を》一、粗《ほゞ》勘《るに》二古今《を》一、歎《き》レ異《ことを》二先師口伝之《の》真信《に》一、思《に》レ有《らんことを》二後学相続之疑惑一、幸《に》不《ずば》レ依《ら》二有縁《の》知識《に》一者、争《いかでか》得《えん》レ入《ことを》二易行《の》一門《に》一哉。全《く》以《て》二自見《の》覚悟《を》一、莫《なかれ》レ乱《こと》二他力之宗旨《を》一。仍《て》故親鸞聖人御物語《の》趣《おもむき》、所《ろ》レ留《まる》二耳《の》底《に》一、聊《いさゝか》注《しるす》レ之《を》。偏《に》為レ散《ぜんが》二同心《の》行者《の》不審《を》一也《と》云々。

この序は、『歎異抄』で唯一、漢文体の部分です。本文が漢字混じりの和文体なのに、この序だけどうして漢文体なのでしょう。もちろん、このことについて『歎異抄』では何も語っていません。そこで考えられることは、平安時代以来、正式の文章の書きかたは漢文であったということです。カナを使う文章はあくまでも正式の文体ではありません。カナ

法然（『拾遺古徳伝絵』。茨城県瓜連町・常福寺蔵）

は文字通りかりの文字、つまりは仮名なのです。

親鸞があれほど多くの和文体の和讃や手紙を書いていながら、『教行信証』を漢文体で著わしたのは、伝統的に正式とされてきた文体で書きたいと考えたからである、という説があります。これは何の目的で『教行信証』を著わしたのか、ということにかかわります。それは、奈良や京都あるいは比叡山の僧侶たちに読ませるためであったという説がかなり有力です。高山寺の明恵《みょうえ》に読ませるためであった、という説もあります。坂東性純氏もそういっておられます。

明恵は法然の熱心なファンであったのですが、法然の没後まもなく『選択本願念仏集』が出版されると、自分が法然の信仰内容を誤解していたことに気づきます。そこで可愛さ余って憎さ百倍と、『摧邪輪《ざいじゃりん》』を著わして法然の専修念仏を糾弾したのです。法然の門弟が反論すると、今度は『続摧邪輪』を著わして再び攻撃します。「摧」は打ち砕くという意味で、「輪」は仏教という意味ですから、『摧邪輪』というのは「悪い法然の教えを打ち砕くぞ」という意味となります。

親鸞は偶然にも明恵と同じ年齢でした。親鸞は師匠法然に強い敵意を抱いている明恵に対し、いかに専修念仏が正しいか説明しようとしたのだ、それが『教行信証』であるというのです。それなら、正統的な仏教学を修めた人が相手ですから、漢文体でなければならないということになります。そうしなければまともにとりあってはくれないだろう、と親鸞が考えたということです。

こうして『歎異抄』の著者は漢文の序文を書くことによって、学者たちの評価にもたえられる内容であることを宣言したのです。

ただ和文の本文に漢文の序文というのでは、多少不自然な感は免れないと思います。これは、『歎異抄』はいったい誰を読者に想定して著わされたのかという問題にかかわります。真宗の門徒を読者として考えているとするのが自然な考えかただと思いますので、わざわざ漢文の序にしなくてもいいと思うのです。平安中期に編集された『古今集』が漢文体と和文体の二つの序文を持っているというように変則的な例はありますが。江戸時代でも、例えば『一遍上人語録』なども、内容はほとんど和文体なのに漢文体の序文を持っているということはあります。やはり本文の格を高めようという目的からでしょう。

『歎異抄』の意味

漢文体で書かれていてわかりにくい部分もあるでしょうから、『歎異抄』序を現代語に訳してみましょう。

親鸞聖人のお教えをいただいてから現在に至るまでのことを、じっくりと思い起こしてみますと、門弟たちの間には親鸞聖人から直接受けた真実の信心の教えとは違う内容が広がっています。これは誠に残念なことです。これからあとに続こうという者たちが、親鸞聖人の教えを受け継いでいこうとするときに、疑問が生じるであろうと心配です。何か縁があって正しい指導者に教えてもらえるという幸運にめぐりあわなければ、どうして念仏の門に入ることができましょうか。ほんとうに、自分の勝手な解釈で阿弥陀如来の救いの教えをねじ曲げてはいけないのです。そこで、亡くなられた親鸞聖人がお話しくださったことが、私の耳の底に留まっていますので、それを少しばかり記したいと思います。これは、ただ、同じように念仏をいただこうという仲間の疑問を晴らしたいためなのです。

この序文を読むと、まず前半で、親鸞が亡くなったあとその教えとは違う内容が親鸞の教えとして門弟間に広がっている状況を、著者が嘆いていることがわかります。

『歎異抄』という書名について考えてみましょう。「歎」には「讃歎（賛嘆）」「感歎」――

感動するという意味と、「悲歎（嘆）」――悲しみ嘆くという意味と二つの意味があります。『歎異抄』では後者の「悲しみ嘆く」という意味でしょう。また「抄」にも二つの意味があります。多くの事がらのなかから少しを取り出してまとめた、という意味と、多くの事がらのなかから大切な事がらを選び出してまとめた、という意味です。これも『歎異抄』では明らかに後者の、多くの事がらのなかから大切な事がらを選び出してまとめた、という意味と判断されます。

親鸞の教えを誰が正しく受け継いでいるかということについては、ほんとうにむずかしい問題があると思います。普通は、門弟であるかぎり、誰でも自分は親鸞の教えを正しくいただいていると思うものです。理解不足かなとは思っても、誤って、間違って理解しているとは思わないものです。

しかし、門弟は親鸞ではありません。全員が違います。それぞれの門弟が、それぞれの人生体験をもとにして親鸞の教えを受け取り、それぞれ異なる生活のなかで生かしていこうとしているのです。すると結果的に異なった表現で話し、書く、ということになるということが十分に考えられるのです。

しかしまた、何が正しい教えであるかということを追求するのも非常に重要なことだと思います。信仰の純粋性を貫き、理想をそこに求めるということは、自分自身の人生を生きがいのあるものにすると同時に、多くの人たちの感動を呼ぶことにもなります。『歎異抄』にしても同じことです。ここに記されていることは、正直にいって、親鸞の教えとは異なる内容が入っているという意見もあります。しかしそれを超えて、私たちの心をうつのは、それだけこの書物が人間性に訴える力を持っているということでしょう。

正統性の主張と「耳の底」

では『歎異抄』の著者は、何をもって自分が正しいと主張しようとしたのでしょう。彼には強い自信があったのです。それは、序文の「故親鸞聖人御物語趣《のおもむき》、所《ろ》レ留《まる》二耳《の》底《に》一、聊《いさゝか》注《しるす》レ之《を》」という部分に明確に表われています。彼の自信は、親鸞から直接教えを受けたというところにあったのです。なんだ、そんなことか、と思われる方もいらっしゃるでしょうが、そうではないのです。

鎌倉時代は、対面して教えを受けたということ、つまりは手紙や文書などではなくて、直接会って声をもって話を聞くことを絶対視する社会だったのです。口伝えで教えを伝えることを口伝といいますが、口伝が非常に重要視されたのです。ですから、ときには神仏から直接とか、夢うつつのうちにとかいうことが尊重される時代であったのです。

これは鎌倉時代だけではなく、古代からそうでした。むしろ古代の方がその傾向が強かったのです。人間が口から音として出す声に、霊的な、神聖な意味を見出していたということです。日本文学の研究などで、言霊《ことだま》信仰、といったりすることがありますが、それはこのような観点からの発言なのです。口承文芸が大切にされたのも、古代の人たちはことばに霊的な意味を強く感じていたからなのです。日本だけでなく、仏教の発生地であるインドにおいても、釈迦没後数十年間は文章で書かれた経典は編集されませんでした。すべて門弟間の口伝えでした。文字で表現すると、その文字の印象から、教えの内容が貧弱に感じられるということなのです。音声のことばで受け取った方が、空想力や想像力も交えて、無限大の内容として感じられるということなのでしょう。

他の僧侶あるいは宗派でもそうですけれども、真宗では特に直接会って教えを聞くということが重視されました。これを面授といいます。顔と顔を突き合わせて教えを授かるということです。「授」は「受」という漢字を使う場合もあります。それですと、「面受」となります。授けると受けるとの違いだけで、結局は同じことです。

親鸞から直接教えを授かった人、つまりは親鸞面授の門弟は真宗の門弟たちの間でたいへん尊敬されました。そしてそれは当然のことながら面授の門弟たちの自信にもつながりました。親鸞が関東から京都へ去ったあと、各地で門徒の集団が作られました。その中心になったのはこの面授の門弟たちだったのです。例えば、のちに二十四輩第一とされた性信、第二の真仏、第三の順信らです。唯円もその一人だったのです。それが『歎異抄』で「故親鸞聖人の御物語の趣、耳の底に留まるところ、聊かこれを注す」、あるいは「先師口伝の真信」という表現になったのです。

「耳の底」というのは、『歎異抄』だけに見られるいい方ではありません。他にも、時宗の開祖一遍の後継者となった真教（他阿弥陀仏）についても同様の表現があります。一遍と真教とを併せた伝記絵巻である『遊行上人縁起絵』の第五巻に、次の文章があります。

故聖（一遍）の金言も耳の底に留侍れば、化度利生したまふにこそとて、他阿弥陀仏を知識として立出にけり。

これは一遍が亡くなったにもかかわらず、後継ぎが決まっていなくて、その門弟たちがこれからどうしていったらよいのか途方にくれるという場面です。捨聖と呼ばれた一遍は念仏以外のすべてを捨てようと、後継者などというものも、「我化導は一期ばかりぞ（私の念仏指導私一代で終わりですよ）」と宣言して、決めることはしなかったのです。

しかし結局、門弟間の最有力者である真教が時衆の仲間から推薦され、本人は嫌がったのですが、引き受けることになったのです。引き受けるについて、真教が確かに一遍の教えを正しく受け継いでいるという証拠として皆を納得させたのが「故聖の金言も耳の底に留侍れば」ということだったのです。『歎異抄』と同様の論理なのです。

そして『歎異抄』第十八章では、再び親鸞から教えを受けたということが書きつけられています。第十八章は『歎異抄』の最後の章ですから、まとめとしてあらためて面授を強調していることになります。

これさらに私の言にあらずといへども、経釈のゆくぢをもしらず、法文の浅深を心得わけたることも候はねば、さだめてをかしきことにてこそさふらはめども、古親鸞のおほせごとさふらひし趣、百分が一、かたはしばかりをも、おもひいだしまいらせて、かきつけさふらふなり。

『歎異抄』の序文に比べれば、かなりやわらかく、遠慮がちないいまわしになっています。しかし「古親鸞のおほせごと」が主張されていることに違いありません。

六　唯円像をめぐって

『歎異抄』の著者を唯円とするにしても、ではその唯円はどのような人物であったのか、どうもはっきりしません。まったくわからないのではなくて、逆に複数の唯円像が浮かんでくるのですが、そのなかのどれが『歎異抄』の著者として適当なのか判定しかねるのです。

そこで、いくつかの視点からの唯円像を検討していきたいと思います。まず、唯円がどのような史料に、どのような形で出てくるかを簡単に見たいと思います。それとあわせて、問題点も考えたいと思います。

なお茨城県には、現在、水戸市河和田に唯円を開基とする報仏寺があります。この唯円は河和田の唯円と呼ばれてきました。また那珂郡山方町にも唯円を開基とする本泉寺があります。こちらの方は鳥喰《とりばみ》の唯円と呼ばれています。「河和田」も「鳥喰」も常陸国の地名です。

複数の唯円

初期真宗には、鎌倉時代に成立した他の宗派の初期教団に関する史料とは異なって、門弟たちの名前の一覧表があります。何百人にも及ぶ数の一覧表です。『親鸞聖人門侶交名牒』と呼ばれています。何かのおりにどこかの役所に提出した名簿の写しではないかと考えられています。そしてその写しが、さらにいくつかの写本として今日に伝えられています。そのなかでも古いといわれている三河妙源寺本『親鸞聖人門侶交名牒』に親鸞の直弟として唯円があげられています。そしてその注記には「同国（常陸国）住」とあります。ここでは河和田も鳥喰もありません。

報仏寺の親鸞聖人像（茨城県水戸市）

　また『慕帰絵詞』という書物があります。これは本願寺第三代とされている覚如についての伝記です。この伝記は覚如の次男の従覚が制作しました。その第三巻第三段に、「常陸国河和田唯円房」とあります。同じく覚如に関する伝記の『最須敬重絵詞』にも、「河和田の唯円大徳」とあります。

　ところが親鸞の門弟二十四人の名前の列記である願入寺本『二十四輩牒』には、「唯円御房跡信浄奥郡トリハミ」とあります。これによると、こちらの唯円はトリハミ（鳥喰）に住んでいたということになります。後世の筆写本ですが、『鳥喰山本泉寺縁起』にも、「当山ハ聖人ノ遺弟唯円ノ開基ニシテ二十四輩二十四番ノ旧蹟ナリ」とあります。そして『二十四輩牒』には河和田の唯円は登場いたしません。これはなぜなのでしょう。では、今度はいくつかの視点から唯円像を検討したいと思います。

『慕帰絵詞』の視点＝「親鸞の信仰を正しく承けた学僧」で覚如の師の一人

『慕帰絵詞』によりますと、唯円は常陸国河和田に住み、上京したときに若き日の覚如に親鸞の教えを伝えたとあります。この直前、覚如は親鸞の孫である如信から教えを受けています。覚如は如信を深く尊敬していたようです。しかし、にもかかわらず、覚如は教えの深い境地を得るためにも、他の人の考えを聞いて納得しようと唯円に教えを乞いました。それにつき、『慕帰絵詞』第三巻第三段は次のように述べています。

将又、安心をとり侍るうへにも、なを自他解了乃程を決せんがために、正応元年冬乃ころ、常陸国河和田唯円房と号せし法侶入洛しけるとき、対面して日来不審乃法文にをいて善悪二業を決し、今度あまたの問題をあげて、自他数遍乃談にをよびけり。かの唯円大徳ハ鸞（親鸞）聖人の面授なり、鴻才弁説の名誉ありしかば、これに対してもますく〵当流乃気味を添けるとぞ。

河和田の唯円は、「大徳」と呼ばれるほど皆に尊敬されていたのです。それは唯円が親鸞の「面授」の門弟であり、そして「鴻才弁説の名誉あり（教義についてとても幅広い理解があり、また、それをたいへん巧みに説くと皆に褒めたたえられています）」ということだったからです。すでに親鸞は亡くなっていますし、教学に詳しく、「故親鸞聖人御物語の趣」を語るに十分な人だったといえると思います。そこで次には河和田の唯円を軸に考えてみましょう。

東国の視点＝無教養で荒々しい武士・北条平次郎

東国における親鸞聖人の門弟たちはどのような人たちだったでしょうか。このことについて、昭和二十年代から三十年代にかけて活発な論争がありました。それは武士であったという説と、農民であったという説です。結局この論争は立ち消えになった形です。

しかし武士か農民かといえば、武士であったと答えざるをえません。当時の農民に宗教を選択する権利はありませんでした。それを選択できるのは武士だけです。その下にいる農民は武士の意向に添って生きることしかできません。二十四輩やその他の親鸞の門弟たちの出身を見ても、わかっているかぎり、それは圧倒的に武士だったのです。

唯円についても同様の視点で見ることができます。彼はどのような武士だったのか。残念ながら唯円の人となりについてはほとんどわかりません。中世の史料がありません。しかし報仏寺には、その開基の唯円が無教養で荒々しい武士であったことを思わせる寺伝が残っています。その寺伝には「平次郎女房身代わり名号略縁起」という題名がつけられていて、唯円の俗名は北条平次郎則義であったとあります。少し長くなりますが、この寺伝を現代語で要約しながら紹介したいと思います。

平次郎はけち・よくばりで、仏教を理解しようとはせず、殺生を好み、勝手なことばかりして反省のない悪人でした。しかしその妻は夫と異なり親鸞聖人の教えを受けて熱心な信者で、ときどき夫の目をぬすんで稲田の草庵に参詣していました。

あるときその女房が涙ながらに親鸞聖人に訴えました。私の夫の平次郎は仏教を誹《そし》っていますので、わが家においては一回の念仏を称えることもできません。悲しい女の身の私としてはどうしたらよいでしょうか。すると親鸞聖人は、女房の信仰心の深いことに感動され、「帰命尽十方無碍光如来」の名号をお書きくださり、夫を恨んではいけません、この名号を私と思って念仏を称えていれば必ず極楽浄土に往生できます、といってくださいました。家に帰った女房は、夫が外出の間などに名号を取り出して念仏を称えていました。

ところが、夫が突然帰ってきました。驚いた女房は急いで名号を懐に隠し、さあらぬ体で出迎えました。しかし目ざとく名号の端をみつけた夫は、それを他の男から来た不倫の手紙と勘違いし、怒って腰に差していた山刀でさっと女房に斬りつけました。女房は肩先から乳の下まで斬り込まれ、哀れにもあっと一声、血煙をあげながら息が絶えてしまいました。夫は女房の死骸を菰《こも》に包み、裏の竹藪に埋めてしまったのです。

夫が何気ない風に家に帰ると、不思議なことに女房が部屋のなかから出迎えるではありませんか。驚愕した夫は、これこれこう、お前を斬り殺したはずだといいますが、女房は身に覚えがなく、不思議な顔をするばかりです。では、裏の竹藪へ行って確かめようということになり、一緒に掘り返してみますと、「不思議や女房の死骸はあらで、この御名号の帰命尽十方無碍光如来の帰命の二字より袈裟がけに切らせされられ、血汐に染せたまへる」のが出てきたではありませんか。

これを見た女房は、狂気のごとく天を仰ぎ地に伏し、いかなる大悲のご恩によって来世だけでなく現世でもこのようにご慈悲をいただけるのか、身に余るご恩だと感動のあまりことばを発することもできず、「南無阿弥陀仏」と伏し沈みました。夫の平次郎は黙然としていましたけれども、「宿善の時至りけん、双眼に涙を浮べ、膝まづき、両手を合せて南無阿弥陀仏」と称えました。

報仏寺にはそのときの「身代わり名号」が現在に至るまで保存されています。

実際にこのようなことがあったのかどうか、それはわかりません。ただいかにも荒々しい、東国の武士の様子が示されています。その平次郎が親鸞自筆の名号の威力に打たれて帰依し、のちに『歎異抄』を書くに至ったという筋書きになります。無教養であったかどうかはわかりませんが、少なくとも仏教に理解がなかった人間が熱心に勉強して『歎異抄』を書き上げるまでの実力をつけたということでしょう。

ところで、平次郎には北条平太郎という兄がいたという話があります。それは水戸市飯富町にある真仏寺などが伝えている説です。真仏寺の開基は真仏というのですが、その俗名が北条平太郎であり、彼はこの地方の武士であったといいます。真仏寺の近くの畑のなかに「平太郎屋敷跡」と称する遺跡もあります。この真仏は親鸞の手紙のなかに出てくる大部の中太郎であるといわれています。

さらに、奈良県立興寺の伝えによりますと、河和田の唯円はのちに大和国に来て立興寺の開基となり、そこで亡くなったといいます。そして唯円のお墓もあります。その墓碑銘には、唯円は正応二年二月六日に亡くなり、享年六十八歳であったとあります。報仏寺には唯円のお墓はありません。このことからは、唯円は各地をめぐる山伏であったのではないかと推測されています。すると改心した平次郎が山伏になったのか、山伏が一時的に河和田にいて親鸞の信仰と対立していたのか、このような話になると、正直なところまったくわかりません。

『歎異抄』鑑賞の視点＝文筆能力にすぐれた、洗練された文化人

いうまでもなく『歎異抄』は語調がよく、格調高く、また各章があまり長くなく、気持よく読むことができる名著です。この作者はきっと文筆能力にすぐれた、洗練された教養

人に違いありません。すると、とても関東の片田舎の常陸国の人間には書けない、京都の人間でなければ無理だという考えかたがあります。

しかし、はたしてそうでしょうか。名文の書籍や書状をたくさん書いた日蓮は安房国の漁村の出身です。また説話集の『沙石集』を著わした無住も常陸の人であり、宇都宮歌壇といわれ一族をあげて和歌の名手として知られた宇都宮氏は下野国の豪族でした。鹿島神宮には世に知られた大図書館があるなど、常陸について文化的な程度の高さを示す話にはこと欠きません。

もっとも江戸時代以来、『歎異抄』の著者については唯円以外に、もう二人、有力な候補者があげられてきました。それは如信と覚如です。覚如の著書に『改邪鈔』という本があります。覚如が口述したものを門弟の乗専が筆記したのです。

それはともかく、『改邪鈔』のなかには如信から聞いたとする法語がいくつか入っています。正確には、如信が親鸞から伝えられた教えを覚如に聞かせたという内容です。この法語のなかに『歎異抄』とほぼ同文の文章があるのです。これが『歎異抄』は如信によって書かれたとする説の根拠です。また覚如著者説は、如信から聞いたとする法語を覚如自身の創作とみるのです。覚如が如信から教えを受けているのは間違いありませんが、その内容を法語のようにまとまった形にしたということです。

では『歎異抄』はいつ書かれたのか、成立は『改邪鈔』とどちらが早いのか、これは残念ながら不明です。『改邪鈔』が著わされた年ははっきりとわかっていますが、『歎異抄』はわかりません。なにせ、室町時代の蓮如が書写したことにより、現在の私たちは『歎異抄』の存在を知ることができるのです。蓮如以前の『歎異抄』はありません。如信や覚如でしたら、まあ十分に洗練された教養人ということはできるでしょう。それから、著者唯円説の成立根拠は次のとおりです。『歎異抄』のなかに、例えば第九章に、

親鸞もこの不審ありつるに、唯円房、おなじこゝろにてありけり。

とか、第十三章に、

あるとき、「唯円房は、わがいふことをば信ずるか」とおほせのさふらひしあひだ、

などと、親鸞が唯円に答える形で、あるいは問いかける形で進められている章があります。中世では、著者が奥書などに自分の名を記すのではなく、このように文中に記すこともあるのだといいます。それが唯円著者説の根拠です。

親鸞の家族の視点＝近い親戚

ところで、河和田の唯円は親鸞の近い親戚だという説があるのです。これは、江戸時代のいくつかの書物に記されています。先に系図で示しますと、次のようになります。

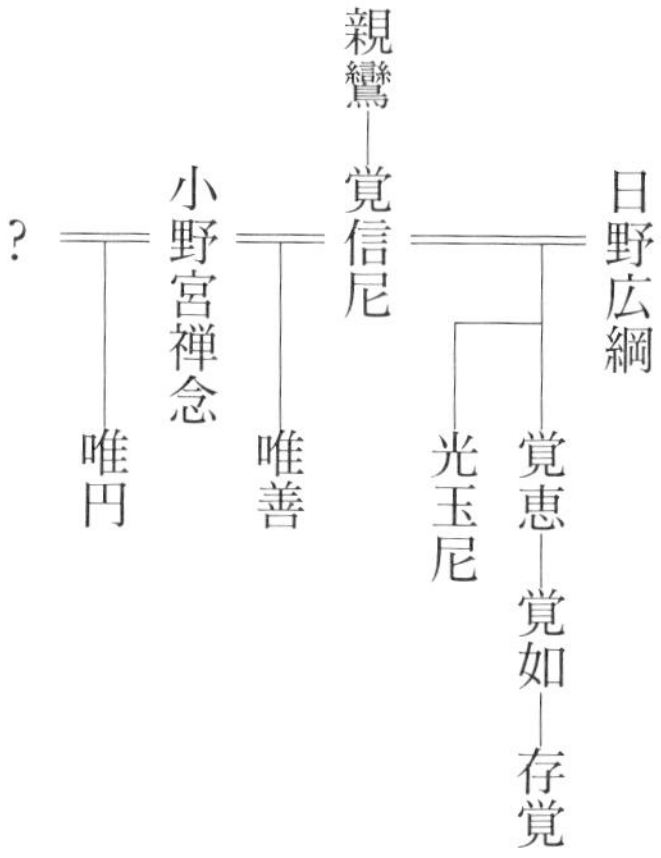

覚信尼は親鸞の末娘で、まず日野広綱と結婚して覚恵と光玉尼を生みました。広綱が亡くなったあと、かなりたってから小野宮禅念と再婚しまして、生まれたのが唯善です。のちに覚恵・唯善の兄弟は小野宮禅念の遺産をめぐって、骨肉の争いを繰り広げます。その争いが具体化する前に、若いころの唯善は修験の道に入っており、その後関東に下って唯円の弟子になります。そのことを、『最須敬重絵詞』第五巻第十八段に、

兼ては修験の一道に歩て山林の斗藪をたしなまれけるが、後にはこれも隠遁して、河

唯善坐像（千葉県関宿町・常敬寺蔵）

和田の唯円大徳をもて師範とし、聖人の門葉と成て、唯善房とぞ号せられける。

と記してあります。なぜわざわざ唯円のもとに行って弟子になったかといえば、それは唯円が兄であるからであろう、ただし、母親は違っているだろうし、それは禅念の覚信尼の前の妻であろうというのです。存覚が書いた『存覚一期記』によりますと、

唯善房は、もと山臥なり、（中略）而して落堕の後、奥郡河和田に居して嫁す、

とありますから、唯善は経済的にも困って唯円のもとに転がり込んだのです。そしておそらく唯円の世話で結婚し、妻である女性の家で生活するようになったのです。このような面倒を唯円がみたのは肉親の兄であるからであろう、ということです。

なお、「嫁す」というのは、現代では女性のことだけに使います。「お嫁入り」といえば女の人に決まっています。しかし昔は違いました。結婚して女が男の家で一緒に住むのなら、やはり「嫁す」といいました。そして、結婚して男が女の家に入って一緒に住むのも、

「嫁す」のです。ですから「河和田に居して嫁す」は、「結婚して河和田にある女の人の家で生活を始めた」という意味になるのです。

河和田の唯円が親鸞の一族であるとすれば、『慕帰絵詞』第三巻第三段に、唯円のことを「唯円大徳」と敬意をもって表現してある「大徳」とは、親鸞の一族であるからではないか、という考えかたも成立します。つまり、親鸞の一族には「大徳」という敬称をつけて呼んだのではないかというのです。

しかし、大徳は奈良時代から徳の高い僧、あるいは身分の高い僧につける敬称でしたし、大徳と呼ばれているからといって親鸞の一族とするのはむずかしいようです。ただ、検討するに値するテーマだと思います。

二十四輩の視点＝排除すべき異分子

河和田の唯円が初期真宗の歴史で重要な人物であったことは間違いありません。しかし二十四輩には入っていないのです。これはなぜでしょう。そのかわり、といっていいかどうか、鳥喰の唯円が第二十四番として入っています。

二十四輩は、詳しくは親鸞聖人門弟二十四輩であり、親鸞の重要な二十四人の門弟という意味です。しかし親鸞が定めたのではなく、覚如が本願寺教団確立のためにこのような範疇を作ったのだろう、ということがほぼ定説となっています。当初は二十人余りの高弟といった意味で「二十余輩」であったようです。

覚如が定めたとすれば、河和田の唯円が除かれているというのは理解できる、という意見があります。覚如は父の覚恵とともに、長い間唯善との争いを繰り広げました。そしてついに、父に代わって、唯善との裁判闘争に打ち勝ちました。唯善は仇敵ということになります。その唯善の師匠が河和田の唯円であってみれば、これを除外しても当然であろうという意見です。

しかし覚如の次男の従覚が編集した『慕帰絵詞』には、

唯円大徳ハ鸞聖人の面授なり、鴻才弁説の名誉あり

とあり、覚如の高弟の乗専が編集した『最須敬重絵詞』にも「唯円大徳」とあって、唯円に最大級の敬意をはらっていました。唯円排除の考えがあれば、それと矛盾してしまいます。

また、合理的に解釈しようとすれば、河和田にいた唯円は、のちに鳥喰に移ったのだという言い方もできます。前にお話ししましたように、唯円は親鸞の一族であったという説があります。一族だから二十四輩から除外されたのだという説もあります。

それでは、河和田に焦点をあて、そこがどのような地理的・政治的環境にあったのか、

また、唯円開基の報仏寺とはどのような寺であるのか、見ていきたいと思います。

七　常陸奥郡の地理的・政治的環境

奥郡の地理と政治

河和田のある常陸国は、現在の茨城県です。もっとも昔の常陸国だけで茨城県が成り立っているのではなく、下総国の北部や武蔵国の一部も含まれています。親鸞のころは、陸奥国の南端も現在の茨城県域に入っていました。つまり現在の茨城県の北端にある久慈郡大子町はもと陸奥国で、豊臣秀吉のころに常陸国に編入されたのです。

茨城県は北がやや狭くなっているので、その地形から、北部・南西部・南東部の三地域に分けられています。これを県北・県西・県南と通称しています。「奥郡」とは、だいたい県北部分の通称です。正式の郡名ではありません。「奥郡」と呼ばれる地域は、もとの多珂・那珂西・那珂東・佐都西・佐都東・久慈西・久慈東の七つの郡です。その南端付近には那珂川が流れています。

これらの七つの郡は十二世紀末には一括して奥七郡あるいは奥郡と呼ばれるようになりました。それ以前の十世紀には、あわせて那珂郡と呼ばれていた那珂西郡と那珂東郡のそれぞれ東半分ほどの地域から、吉田郡が分かれ出ました。

吉田郡は海に面した地域で、現在の水戸市・ひたちなか市あたりです。吉田郡には常陸三の宮とされた吉田神社があります。常陸大掾氏は、平安時代に蝦夷の反乱などの動きを押さえるために京都から派遣された武士一族です。

「奥郡」というのは、常陸国だけに特有の地名ではありません。陸奥国の奥郡は有名です。岩手県あたりの六つの郡を合わせて奥六郡といういい方で、平安時代の前九年の役・後三年の役に出てきます。越後国の奥郡も知られています。木曾義仲と争い、二万の大軍をもって戦って敗れた城資永も、この越後の奥郡を勢力地としていました。ほかにも信濃・飛驒・大和・紀伊・肥前などの奥郡も知られていて、つまるところ、各国で平地にある国府から離れた山地寄りの地域を指していました。しかも、京都とは反対の方向にある山地のようです。

平安時代末期、常陸国の奥郡の支配者は佐竹氏という豪族でした。その祖を佐竹昌義といいます。祖父は源義家の弟で新羅三郎と通称された義光、母は吉田清幹の娘です。系図で見ると、次のようになります。

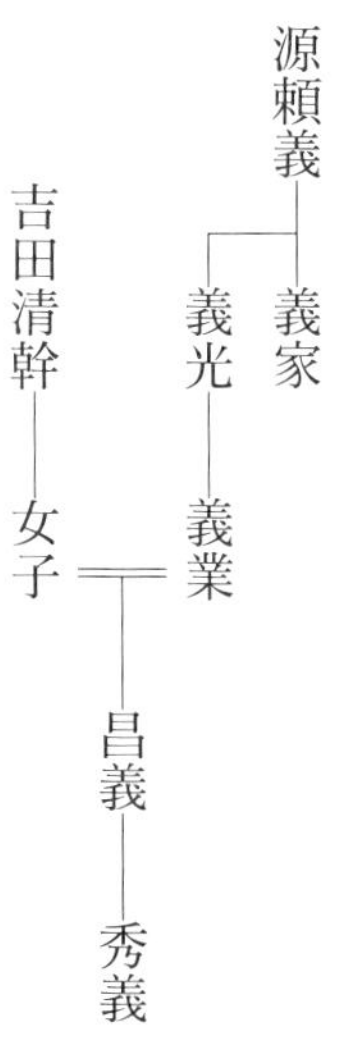

前九年の役・後三年の役の後、義光は常陸国の奥郡を勢力下に置くことに成功していました。その長男である義業もそれを受け継ぎました。彼は常陸国第一の豪族である常陸大掾氏の本家にごく近い一族の吉田清幹の娘と結婚しました。清幹は吉田郡・鹿島郡・行方郡の領主です。鹿島郡・行方郡は奥郡と合わせて親鸞の手紙によく出てくる地名です。多くの真宗門徒のいた地域です。

義業と清幹の娘との間に生まれた昌義は、したがって、強大な勢力を背景にしていたことになります。彼は久慈東郡佐竹郷に住んで佐竹を名のりました。奥七郡のうち、特に多可・佐都西・佐都東・久慈西・久慈東の五郡にはよくその支配が貫徹していました。そして佐竹冠者と呼ばれたその子の秀義の時代には、「佐竹《は》、権威《は》及《び》二境外一、郎従《は》満《つ》二国中一」といわれるほどになっていました。これは『吾妻鏡』の治承四年（一一八〇）十一月四日の記事です。

しかし、このような佐竹氏の支配も、源頼朝の攻撃によって一挙に崩れ去りました。奥郡には二階堂氏以下の頼朝の部下の豪族たちが進出してくることになります。佐竹氏はまもなく復活するのですが、昔日の勢力を復活するに至るのは南北朝時代を待たなければなりません。吉田氏を含めた常陸大掾氏も新しい鎌倉幕府体制のなかで、しだいに勢力を衰退させていくことになります。

ところで、親鸞の手紙のなかに、「奥郡」の文字の見える手紙が何通かあります。例えば、建長四年八月十九日付けの書状には次のように記されています。明法房、もと山伏弁円が往生したとの通知です。

明法御房の往生のこと、をどろきまふすべきにはあらねども、かへすぐ〵うれしくさふらふ。鹿嶋・なめがた・奥郡、かやうの往生ねがはせたまふひとぐ〵の、みなの御よろこびにてさふらふ。

また親鸞の別の年月日未詳の手紙には、

このふみは奥郡におはします同朋の御なかに、みなおなじく御覧さふらふべし。

とあります。

河和田をめぐって

『存覚一期記』に「奥郡河和田」とありました。これには地名表記についての微妙な問題があります。つまり、河和田は奥郡ではなくて吉田郡ではないか、という議論が成り立つのです。水戸市は吉田郡であり、河和田は水戸市内だからです。つまり「奥郡河和田」は正式には「吉田郡河和田」と表記すべきところであるということです。

もちろん、水戸市全体がスッポリと吉田郡に入っていたかどうか、それは不明です。河和田は現在の水戸市南西部にあります。北上すると、かつての那珂西郡に入ります。しかし河和田の地域は吉田郡ではなくて、那珂西郡であったのではないか、という考えも成り立たないわけではありませんが、少し離れすぎているという感もあります。また、「吉田郡」はもともとは正式の郡名ではありませんでした。吉田神社があることによって自然発生的に生まれた郡名のようです。ですから、吉田郡もあわせて、そのまま奥郡という呼びかたを使っていた可能性もあります。

京都の人は必ずしも遠くの地名を正確に把握できるわけではありませんし、地名の表記の間違いも、時代を超えて、よくあることです。例えば、親鸞の孫の如信が亡くなったのは陸奥国金沢です。今日の茨城県の西北部の久慈郡大子町上金沢です。ここはつい常陸国の金沢と表記してしまいがちです。そのように書かれた真宗の歴史に関する本をよく見ます。しかしこれは、茨城県は常陸国、といった思い込みからの誤りです。大子町全体は、昔、依上保といい、戦国時代末期までは陸奥国だったのです。そこで、陸奥国金沢と表記しなければならないのです。

河和田についての結論はまだ出ませんが、今後の検討課題として残しておきたいと思います。

河和田の真西十八キロの所には、笠間郡稲田郷の西念寺があります。親鸞が長い間滞在されていた、とされる所です。もっとも、正確にいうと親鸞は稲田郷の吹雪谷という美しい地名の所にいたそうです。その地名は歴史の彼方に消えてしまいました。吹雪谷が現在のどこにあたるのか、残念ながらまったく不明です。

ちなみに笠間郡の領主として笠間時朝が知られています。笠間郡は、常陸国の西に接する下野国の大豪族である宇都宮氏の勢力圏でした。宇都宮氏の当主頼綱は大軍をもって東に進み、笠間を支配下に置き、弟の塩谷朝業の子である時朝に与えました。親鸞が稲田に来たときはまだ十歳の少年でした。笠間を名字として名のったこの少年は、後年、京都三十三間堂の千一体の観音像の数体に寄進者として名を残し、歌人としても知られた文化人となりました。また彼は中国から一切経を買い入れています。

親鸞が稲田に住もうとした理由として、『教行信証』執筆のために必要な経典類が笠間にあるから、ということがあげられたことがあります。しかし、いまだ十歳の少年ではどうにもならないでしょう。この時点では、一切経を買い込んでいたとはとても思えません。

いま申し上げました宇都宮頼綱は、法然の門弟となって蓮生房と称した人物です。弟の塩谷朝業も法然の没後の門弟となり信生房と号しました。法然没後の浄土宗に対する弾圧である嘉禄の法難（一二二七年）で、法然の遺骨を守って安全な地域に移したのは、この蓮生房兄弟とその部下たちでした。

また頼綱は鎌倉幕府の有力者でありますが、京都の貴族たちとも親しく、その娘を和歌の家の藤原定家の嫡子為家と結婚させています。そのためか頼綱とその一族には和歌に優れた者が多く、宇都宮歌壇と呼ばれました。近年の研究によると、頼綱と一族は京都で生活することが多かったようです。したがって、宇都宮歌壇というのは、本拠地下野国における状態をいうのではなく、京都における宇都宮一族の活躍の様子を表現していると考えられます。

そして河和田の真西四キロ以西から南には小鶴荘という広い荘園がありました。現在の茨城県西茨城郡内原町、同郡友部町、東茨城郡茨城町の涸沼前川から南の地域です。ここは親鸞と初期真宗の歴史を探る上で重要な地域です。それは、この荘園は親鸞の妻恵信尼の実家三善氏が代々仕えていた九条家の領地だったのです。

親鸞一家が常陸国に住んでいたとき、この小鶴荘の存在の意味は大きかったと思います。財産がなかった親鸞一家を支えていたのは、京都の関白家に仕えている有力な実家のある恵信尼であったと思うのです。小鶴荘を通じ、京都からのニュースは確実に親鸞一家のもとに入ります。また経済的援助も期待できるのです。小鶴荘の事務所がどこにあったかはわかりませんが、稲田から十キロや十数キロの距離など、ものの数ではありません。

また、河和田の南東二十キロには、鹿島門徒の本拠地である無量寿寺があります。かつての常陸国鹿島郡鳥栖《とりのす》および富田です。いずれも茨城県鹿島郡鉾田町のうちです。さらに南下すると鹿島神宮があります。

以上のような河和田が置かれた環境を見た上で、最後に河和田に成立した報仏寺について見ていきたいと思います。

唯円と報仏寺

今まで、報仏寺は唯円の開基だといってまいりました。でも、ほんとうをいうと、唯円の河和田の開基の寺は泉渓寺というのです。これは嘘を申し上げていたわけではありません。泉渓寺は江戸時代の初めには廃絶していて、のちに報仏寺として再興されたのです。それで、今日、唯円は報仏寺の開基は唯円ということになっているのです。

水戸市河和田という地名の「河和田」は大字です。そのなかに榎本という小字があります。泉渓寺はそこに創立されたといいます。現在の報仏寺の地から数百メートル離れた田圃のなかに、道場池と称されている場所があります。小さな島に何本かの雑木が生えていて、大きな石の「道場池の碑」が建っています。

泉渓寺十世実了の代に、寺は近くの竹内という所に移されて再興されました。それは戦国時代に入ったばかりの文明十三年（一四八一）であったと伝えられています。この地方の領主である春秋尾張守幹勝の援助であったといいます。それは報仏寺の本尊の台座に記されている銘文で判明します。

その台座は何枚かの板を重ね合わせて作られていますが、いま申し上げた銘文が記されている板の裏側に、報仏寺歴代住職の一覧と考えられる名前が列挙してあります。

当寺開基唯円大徳	正応元年戊子	八月八日	（一二八八年）
唯証	正和二年	四月三日	（一三一三年）
了証	建武四年	十一月十日	（一三三七年）
了円	貞和元年	三月十日	（一三四五年）
宗円	応安五年	二月十八日	（一三七二年）
宗順	至徳二年	十一月六日	（一三八五年）

宗慶　応永二十二年六月　日（一四一五年）
了慶　永享十二年　四月九日（一四四〇年）
慶祐　宝徳元年　正月二十日（一四四九年）
実了　大永三年　九月二十七日（一五二三年）

実了の住職の期間が長すぎるような気もします。慶祐が住職であった期間の次に、住職が空白であったことも考えられます。

この本尊は像高六十五センチの木像の阿弥陀如来立像で、四十八本の光背があります。

報仏寺本尊台座銘

銘文から文明年間の造立と考えられてきました。そして銘文のある真宗の阿弥陀如来像としては最古であるといわれてきました。しかし近年、もっと古い時期の銘文のある真宗の阿弥陀如来像が確認されています。それに報仏寺の阿弥陀如来の造立の時期についても、つい最近、文明年間という室町時代ではなく、鎌倉時代末期・南北朝以前の造立ではないかとの新説が出ています。つまりは全体的な再検討が必要でしょう。

銘文といえば、この報仏寺本尊の台座には、他に、江戸時代の修復時の銘文が記されている別の板もあります。

報仏寺の住職については、実了の次代からの様子がしばらくわかりません。しばらくといっても、二百年以上です。そして江戸時代に入った承応三年（一六五四）、この地方の領主が小さな寺や庵を破却した際に泉渓寺も廃寺にされてしまい、住職は還俗させられたと伝えられています。

それから三十数年後の元禄二年（一六八九）、泉渓寺は現在の報仏寺の地に再興されました。これは願入寺の住職である如晴の斡旋《あっせん》で徳川光圀が承認して復興されたもので、寺地には新しく河和田城の城跡が選ばれました。また寺領一町七反が与えられています。翌年、東本願寺から「報仏寺」の寺号が許可されました。如晴は慧明院と号し、東本願寺の琢如の息子でして、光圀の養女と結婚して願入寺に入った人です。

ところで関東の初期真宗寺院は、川原・湿地帯・沼地に面した高台など生活条件のあまりよくない所に建てられることが多くありました。唯円の道場もそうだったと考えられます。沼地あるいは湿地だったようです。現在、道場池と呼ばれている所が泉渓寺の遺跡であると百パーセントいうことはできませんが、そこも湿地ですし、現在は田圃です。何より「泉渓寺」の寺名が、泉渓寺が沼地あるいは湿地付近に建てられていたことをよく物語っています。現在の報仏寺は、泉渓寺の由緒から院号を「泉渓院」としています。

親鸞と覚如——教団形成をめざす子孫の立場から——

一　はじめに

今年（平成十二年）は覚如の六百五十回忌です。昨年は本願寺第二代の如信の七百回忌でした。その前の年は蓮如の五百回忌でした。ということで、ここ三年続きで真宗の歴史上で特に重要な人たちの年忌法要が続いております。

覚如は本願寺第三代ということであります。のちに蓮如が真宗教団を大勢力にしますが、そのもとを作った人です。このことについては、皆様方のなかでご承知の方も多いと思います。覚如は親鸞のようには知られていませんし、蓮如ほどにも知られていません。研究書としての単行本も、重松明久氏の『覚如』（昭和三十九年）くらいでしょう。

ではは覚如は真宗の歴史の上でどのように評価されているでしょうか。それについては実にさまざまな評価があります。毀誉褒貶さまざま、といったところです。

二　覚如の家族と修行時代

覚如の家族

覚如には息子が二人、娘が一人いました。系図は次のようになります。

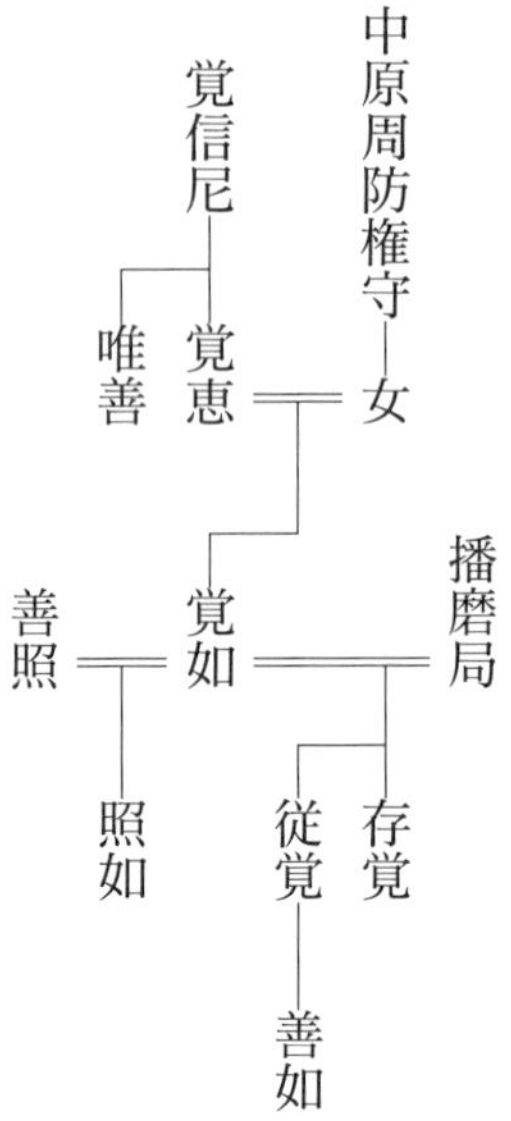

まず、覚信尼とその二人の息子の覚恵と唯善をご覧ください。二人は異父の兄弟で、年齢差は三十近くもあります。もう少し差が少ないという説もあります。いずれにしても大きな年齢差があり、二人は兄弟というより親子という感じだったことでしょう。それから、

覚恵の息子が覚如です。覚如には二人の息子がいて、覚如二十一歳のときの息子が長男の存覚、数年後に生まれた次男が従覚。さらにかなり年が離れて、母も違う娘の愛居護がいます。愛居護はのちに照如と称しました。本願寺の第三代は覚如、第四代は存覚と従覚を飛び越えて、従覚の子の善如です。それも当初、覚如は三十歳年下の妻善照を予定していました。

覚如画像（西本願寺蔵）

しかし覚如は、八年間だけですが長男の存覚に本願寺を譲っています。そののち再び覚如が本願寺の責任者になっています。それに覚如の前には、性善という親鸞の門弟が本願寺を管理しています。このころは本願寺の管理者のことを「留守《るす》」（「留守職《るすしき》」）といっていました。住職にあたるのは東国の門徒たちでして、彼らが留守の間、本願寺を管理するという意味です。

本願寺の前身の「親鸞廟堂」の時代から数えれば、「留守」の系譜は覚信尼―覚恵―性善―覚如―存覚―覚如―善如となります。真宗教団史でいうところの親鸞―如信―覚如―善如とはかなり異なりますが、教団には信仰を軸にした教団の立場がありますので、そのようなことになることもあるでしょう。

覚如の長男の存覚はたいへんすぐれた人物だったのですが、父と意見が合わなくて、二回にわたって勘当されました。それも非常に長い間です。その理由については、信仰や布教方法についての考えが違ったという見かたや、覚如の激しい女性出入りを存覚が嫌ったからだという見かたなどがあります。覚如はどういう気持で存覚を勘当したのでしょうね。実は覚如が存覚に対する気持を書いた文章が残っています。

覚如が最初に存覚を勘当したのは、覚如が五十三歳のときでした。存覚は覚如二十一歳のときの誕生ですから、このとき三十三歳です。『存覚一期記』のなかで、存覚は、

此の両年口舌の事相続き、遂にご勘気に預かる、

「この一、二年は父覚如との口論が続き、ついに勘当されてしまいました」と回想しています。

十六年後の六十九歳のとき、覚如は勘当を解きました。そしてその直後、覚如は密かに置文を書いています。置文というのは、主に財産の分配にかかわる遺言状のようなものです。覚如はそのなかで、存覚のことを、

不義の子細重畳に依り、不孝義絶度々、既に多年に及び畢んぬ、

「親に従わないことがいろいろと重なったので、親不孝という理由で何度か勘当し、もう何年にも及んでいる」とし、

愚老閉眼せしむれば、当所等に押し入る可きの由、当時より相議すと云々。（中略）定めて悪党人等を相語らい（中略）大谷本願寺に（中略）乱入せんと欲するか。

「私が息を引き取ったならば本願寺に押し入ろうと今から計画しているらしい。きっと乱暴者らを仲間に入れてなだれ込もうとしているのだろう」。そうなったらすぐさま朝廷や幕府にお願いして存覚の狼藉を鎮圧し、追放してもらいなさい、と結んでいます。

自分の息子についてそれほどまでいえるのか、まして仏教の救いを説く人間が、と呆気《あっけ》にとられる思いが致します。しかし、前後の事情を切り離してこの置文だけを見て呆気にとられても、憤慨してもだめなのでしょう。なぜそのような親子関係になってしまったのか考えなければなりません。

その四年後、覚如は再び存覚を勘当しました。けれども門徒たちの切なる願いもあって八年後にこの二度目の勘当を解きました。覚如はすでに八十一歳になっていました。存覚は六十一歳です。そしてその翌年、覚如は八十二歳で亡くなりました。それでも覚如は心から存覚を許したのではなかったようです。

覚如の人間形成

覚如は文永七年（一二七〇）十二月二十八日の生まれです。祖母の覚信尼は、その二年後の文永九年八月二十日、続いてその翌年、覚如三歳のときに母が亡くなりました。母は周防権守であった中原某の娘であったといいます。しかしそれ以外のことはまったくわかっていません。その後、母の愛を知らない覚如を育てたのは乳母でした。覚如の母が亡くなったのは、親鸞の廟である大谷廟堂が建立される直前でした。

覚恵は、母を失った覚如に早い時期から教育を授ける決心をしたようです。覚如の勉学の遍歴を数え年で確認してみましょう。覚如は早く四歳の秋、隣家の慈信房澄海という人物から『和漢朗詠集』を学んでいます。澄海はもと比叡山延暦寺の修行僧でしたが、のちに法然の孫弟子にあたる円海という僧の門人になっています。彼は漢詩や和歌についても詳しい人物でした。覚如はこの澄海のもとで天台教学や浄土経典、さらには外典などを幅広く学びました。外典というのは、仏教以外の典籍、つまりは書物のことです。

澄海は覚如がとても理解力があるのに感動し、天台宗の重要な文章を集めた秘書の『初心集』五帖を与えたといいます。そして書物の奥に次のように書きつけました。

法器たるに依り、光仙殿に付属し奉る所なり。之れを以て、随分の懇志を表わすのみ。

「覚如はすぐれた僧侶になる能力を持っているので、この書物を差し上げます。私の心からの気持です」。「光仙」というのは覚如の幼名です。

さらに覚如は、十三歳のときから「竹なかの宰相法印宗澄」について天台教学を学ぶようになりました。宗澄は天台宗の学者として名高かった僧です。

ところが翌年、覚如は園城寺南滝院の右大臣僧正浄珍にさらわれてしまいました。覚如はいまだ正式には出家しておらず、長い髪を後ろで束ねた美貌の稚児姿でした。浄珍は北小路右大臣道経という貴族の孫で、聖界・俗界にわたって勢力のあった人でした。覚如は、浄珍に非常にかわいがられたといいます。要するに同性愛です。同性愛は、日本の歴史の上で珍しいことではなく、特に異性間の愛情交換が建て前上で禁じられていた僧侶の世界では、ごく当たり前のことでありました。しかも浄珍の南滝院においては、勉学どころか囲碁・双六・将棋など、遊ぶことばかりだったと伝えられています。

さらに同じ年、こんどは奈良の興福寺一乗院の信昭の室に入りました。これもはじめは、覚如の美貌ぶりを聞いた信昭が月夜に大勢の僧兵を引き連れて誘拐しようとしたということですから、どうもただごとではありません。しかし信昭はまもなく亡くなりましたので、その弟子の僧正覚昭の室に入ることになりました。覚昭は関白近衛基平の息子です。そして覚昭のもとにおいても、覚如は数多い稚児のなかでもとりわけ大切にされ、日夜寵愛を受けたといいます。覚如はよほどすぐれた容貌、また好かれる性格だったのでしょう。

しかし覚如はこのような生活に満足してはいなかったようです。弘安九年（一二八六）十月二十日、三位僧正印寛という僧について正式に出家しました。また印寛の叔父の行寛のもとで法相宗を学びました。

親鸞の教えを学ぶ

覚如が親鸞の教えを学び始めたのは十八歳のときからでした。弘安十年（一二八七）十一月下旬、親鸞の命日にあたっての七日七夜の法要のために上洛してきた如信について、親鸞の教えを受けたのです。そのときのことを、後年、覚如は、

先師上人（釈如信）面授口決の専心専修別発願を談話するの次、伝持し奉る所の祖師聖人（親鸞）の御己証、相承し奉る所の他力真宗の肝要、余が口筆を以て、之を記さしむ。

「如信上人が親鸞聖人から直接授かった阿弥陀仏の教えを話されたついでに、受け伝えておられた親鸞聖人の信仰のお心や教理の要点を私に教えてメモさせてくださいました」と回想しています。これは覚如の五十七歳のときの著作である『口伝鈔』に記されています。

さらにその翌年の正応元年（一二八八）、これも上洛してきた常陸国河和田の唯円にも教えを受けました。親鸞の直弟子である唯円は、すぐれた学僧として知られていました。

このときのことは、覚如の次男の従覚が著わした『慕帰絵詞』に、

今度あまたの問題をあげて、自他数遍乃談にをよびけり。

「今回は数多くの質問事項を準備しておいて、幾度にもわたって尋ねました」とありますから、親鸞の教えについての覚如の理解はずいぶんと深まったものと思われます。

覚如は、こののちも異なる系統の仏教を学んでいます。二十三歳のときには京都で阿日房彰空から浄土宗西山派の教えを、さらに慈光寺の勝縁から浄土宗の別の系統である一念義の教授を受けました。清水坂光明寺の自性房了然から三論宗も学んだといいます。了然は藤原定家の長男の光家の息子で、禅宗も学んだことがあったそうです。

かなり細かい点にわたりましたが、覚如がいかに若いころにさまざまの人間関係のなかで勉強し、経験を積んできたかがおわかりになったと思います。学問にすぐれている、「法器」であるとほめそやされつつも、同性愛の稚児として長年を過ごさねばならなかったこともありました。何度もさらわれたというのは、やはり尋常ではないでしょう。稚児間の嫉みに痛めつけられたことも多かったはずです。そして多くの学僧のもとをわたり歩いての勉学。出家。その後の親鸞の教えとの出会いもありました。

親鸞の教えを学ぶについて、はっきりいって父の覚恵は頼りにならなかったということでしょう。覚如の伝記である『最須敬重絵詞』に、覚恵について、

聖人の芳言をば承給ながら、ひとへに信順の儀まではなかりし

「親鸞聖人のすばらしいお教えをいただいていたのですが、きっちりと受けとめてはいませんでした」と述べてあります。覚恵は念仏者としてはすぐれていたと思いますが、教学に詳しい人物としてはあまり評価されていなかったと思います。

覚如の激しい女性出入り。四十九歳のときから一転しての愛妻家。かたくなまでの本願寺中心主義。存覚に対する執拗な嫌悪。まわりの者たちがもてあましたこのような覚如の性格と行動は、持って生まれた要素もあるでしょうけれど、若いときの体験に大きな原因があるのではないかと私は思います。信じられるのは自分だけ、ということでしょうか。しかし家族にもてあまされようと門徒に疎《うと》まれようと、覚如が一生をもって示した道が、その後の無数の人びとを救うことになったのも事実です。

もう一つ、考えさせられることがあります。それは、いままで見てきましたように、覚如ははじめから親鸞の教えに入っていたのではないということです。仏教諸派を長い間にわたって学んでから親鸞の教えに入った、ということなのです。親鸞の子孫は、蓮如の子どもたちの代になるまで、皆、そうなのです。如信を除いては。このことは、今日の私どもが十分に考えていかなければいけないことだと思います。

三　覚如の活動とその意義

「本願寺」の命名者

京都東山大谷にありました親鸞のお墓であります親鸞御廟に、「本願寺」という名をつけたのは覚如です。はじめは「専修寺」と命名したのですが、延暦寺が反対したので取り止めざるをえませんでした。「専修寺」はいまでは真宗高田派の本山の名となっております。本願寺は、親鸞が初代となっていますが、それは形だけのことであります。「本願寺」が成立したとき、親鸞はもうこの世にはいません。

覚如と著作

それから覚如は、親鸞の信仰を理解するについて非常にすぐれた能力を持っていたと思います。それは、親鸞の教えの本質をつかみ、それを文章に表わすことができたということです。

覚如は親鸞の伝記の『報恩講私記（式）』や、『親鸞聖人伝絵』あるいは『善信上人伝絵』などを若いころに執筆しています。それから『拾遺古徳伝絵』があります。これは法然の伝記なのですが、親鸞がいかに法然の正しい後継ぎであるかということを中心にして書かれています。

『拾遺古徳伝絵』は鹿島門徒の長井導信に依頼されて、わずか十七日間で完成させてしまったといいます。このとき覚如は体調がよくなかったのですが、それをおして書き上げました。大した能力です。もっとも、「急いで書き上げたので、配慮の足りないところもあるし、よくわからなかったり誤っていたりする部分も適当にまとめてしまいました。この伝記を読むことになる博識のかたは、ぜひ内容を取捨選択して、大切な部分を加えてくださいい」と奥書に記しています。覚如は、事がらによっては柔軟に対応することのできる能力の持ち主であったのです。

覚如の他の著作として、特に教学面で今日までも大切にされている『口伝鈔』や『改邪鈔』などという書物もあります。

『口伝鈔』は覚如の口述筆記でありますが、親鸞から如信が受けた教えを伝えられた、として書かれています。例えば、第十九章に「本願寺の聖人（親鸞）、黒谷の先徳（法然）より御相承とて、如信上人おほせられていはく」とあるような形です。

また『口伝鈔』のなかには『歎異抄』とほぼ同じ内容もいくつか含まれています。これも例えば、いま述べました第十九章に続けて、世のひとつねにおもへらく、悪人なをもて往生す、いはむや善人をやと。

とあります。これは『歎異抄』第三章に、「世のひとつねにいはく、「悪人なを往生す、いかにいはんや善人をや」」とあります文章とよく似ています。そこで、長い間、如信も『歎異抄』の著者として有力な一人でした。

真宗でもっとも大切な法要の報恩講で読み上げられる『報恩講私記（式）』というのは、覚如が二十五歳という若いときに作りました。それが現代まで使われているのです。現代まで受け継がれる内容を弱冠二十五歳で作ったということです。現在でしたら満二十四歳です。それはたいへんな能力だと思います。そういう能力というのは、持って生まれた能力でしょうね。覚如は四歳のときから勉強したということもあるのでしょうが、持って生まれた能力も非凡なものがあったと思われるのです。

覚如の目的意識

覚如は一生の間、目的を持って生きた人でした。これは大事なことであると思います。親鸞は九十歳という長寿を保ちました。長男の善鸞は八十七歳以上の一生でした。八十七歳でもかくしゃくたるもので、そのときには関東で活動していて、そこへ来た覚恵と覚如の親子に会っていたことが、『最須敬重絵詞』や『慕帰絵詞』に記されています。恵信尼も八十三歳のころまでの寿命でした。如信も関東で亡くなったときには六十六歳、そして今回話題にしています覚如も八十二歳まで長生きしました。

当時の平均寿命は四十代の前半だったと推測されています。親鸞より三百年あまり後の織田信長が幸若舞の「人間五十年、下天のうちをくらぶれば、夢まぼろしのごとくなり」という謡が好きだったことはよく知られています。この「人間五十年」というのは、人間は五十歳まで寿命があるというのではなく、五十歳まで生きる者は珍しい、という意味なのです。

親鸞の教えの特色を強調

法然にはたくさんお弟子さんがいました。親鸞はその一人でありました。ところが親鸞の教えというのは、教理的にはちょっとむずかしかったのです。そこで親鸞の信仰に入るときには、まず法然の教えを学んで、ある程度わかったところで、では親鸞はどうだったのかな、それを勉強してみよう、という人が多かったようです。教理的にむずかしいとは、どういうことでしょうか。それはまず報謝の念仏が問題です。

つまり、親鸞の教えというのは、念仏を称えて極楽へ往こう、極楽へ往くために念仏を称えようというのではなかったのですね。今日私たちが生きていくことができるのは阿弥陀仏のおかげです。よいことであっても、悪いことであっても、そういった体験ができること自体、阿弥陀仏の働きによって、そうさせていただいているのです。

例えば、今日、このような場で皆様と私と一緒に会うことができたのも、阿弥陀仏がそのようにさせてくださっているのです。なんとありがたいことでしょう。感謝しなければなりません。その、ああ、ありがたいという気持が口をついて出ると、「南無阿弥陀仏」という声になるのです。このようなありがたいことが経験できるのだったら、前向きに生きよう、他の人にやさしくしよう、そして他の人にも阿弥陀仏の教えを伝えてあげようではないか。これが報謝の念仏の心なのです。

しかし、報謝の念仏を理解するのはなかなかむずかしいことですね。法然の教えは、基本的には、それ以前の仏教の教学に対する反省が前提にあります。ですから、正確に理解するためには、それ以前の仏教の内容を詳しく勉強する必要があります。しかし、とにかく南無阿弥陀仏を称えて極楽へ連れていってもらおう、阿弥陀仏に救っていただこうということがわかるだけで十分だったのです。この世のなかは苦しいので、来世に希望をつなごうという教えです。念仏を称えて極楽へ往く。わかりやすいですよね。念仏さえ称えれば救っていただける。なんと念仏とはありがたいものでしょうか。

親鸞は法然の教えのとおりに毎日を生きていると意識していたことでしょう。しかし後世の私どもから見ますと、法然の教えとまったく同じではなくて、さらに一歩進んでいるということになります。念仏についても同じことがいえます。しかしその一歩進んでいるというところが、実感としてわかるというのがなかなかむずかしいのです。感謝しなさいといわれたって、現実にこんな貧しく苦しい生活で、どう感謝しようがあるのでしょうか。そこで教える側としては、まず、念仏とはありがたいものであると教えたのです。法然の教えです。

そこで事実上、真宗と浄土宗との区別がない地域も見られました。私の調査したところでは、関東の各地にそれがあります。しかしそれらの地域では、江戸時代になって本山末寺の制度が確立するに従い、真宗か浄土宗かどちらかに決めなければならなくなりました。ところが、いわば、門徒・檀家の意見がまとまらず、とうとう同じ寺名で真宗と浄土宗と、宗派の異なる二つの寺がすぐ近くに作られた例がいくつもあります。

覚如は、親鸞の信仰に入るのに、まず法然の信仰に戻って教えるのは困ったことであると考えました。またもとへ戻って、南無阿弥陀仏はありがたい、念仏を称えて極楽へ往こうというのでは、せっかく親鸞が教えを示した意味がないというのです。そこで真宗の歴史の上ではじめて、報謝の念仏こそ親鸞の教えの本質であると強調するようになったのです。ですからそれは覚如からなのです。そのところを強調しなければ、すぐれた親鸞の信仰が一般的な浄土信仰に埋没してしまう、と覚如は強い懸念を抱いたのです。さらにこの覚如の考えを受け継ぎ、社会的に承認させたのが蓮如ということなのです。ですから覚如はその後の真宗の教学を固めた人物であるということになります。

親鸞の血統を強調

さらに覚如が強調したことは、親鸞の教えを広める先頭に立つのは親鸞の子孫であるべきである、ということです。親鸞の跡を継いでいくのは、子孫であるべきだ、子孫は門弟たちの上に立つべきである、という主張でもあります。

この主張を多くの門徒が納得したのは、蓮如のときからなのですね。それまでは納得していなかったのです。歴史的に見れば、後世の蓮如の働きによってその主張が成就し、今日の真宗大谷派・浄土真宗本願寺派それぞれの門主である大谷家がある、ということなのです。当初から親鸞の子や孫が教団のトップに立っていたのではありません。

親鸞は「僧にあらず俗にあらず」と宣言しましたが、客観的に見れば明らかに僧です。ましてて子孫の人たちも寺で修行しているのですから、間違いなく僧です。僧は結婚してはいけなかったのです。もちろん、事実上結婚していて子がいる僧もいました。それでも、建て前としてはそれを隠すべきであったのです。いないはずの子をトップに立てるわけに

最初の本願寺の跡（京都市東山区・崇泰院）

はいきません。

　また当時、法脈を示す系図には、実子の脇に注として「真弟」と記しました。これは「真実の弟」ではなく、「真実の弟子」の略です。つまりは自分の子とは書けなかったのです。そのような社会のなかで、親鸞の子孫だからといって教団のなかで無条件に尊敬され、後継者とされるはずはありません。その子孫を担いで教団のトップに立てようという動きが大きくなるはずはないのです。

　門徒集団のなかでもっとも大事にされ尊敬されるべきは親鸞の面授の門弟でした。そしてその門弟の面授の門弟、さらにそのまた……、と続くのです。親鸞の子、孫、曾孫ではありません。親鸞の子孫を指導者としての扱いで大事にしなければならないという常識が、当時の社会にはなかったのです。

　覚如が門徒たちの協力を得られず苦労したのは、不思議でも何でもないのです。門徒たちが薄情なのでもありません。覚如のほうが、いわば異常な行動に出ていたのです。覚如からいえば、この行動は新しい挑戦でした。

でも存覚はそうではありませんでした。「お父さん、それは止めましょう、やはり門徒の人たちの立場を大事にしようではありませんか」と主張しました。ですから、門徒の間における存覚の人気は抜群です。また教理面でも、報謝の念仏を強調する考えには賛成でなかったようです。従来風の、法然の念仏に近い立場を取っていました。それらを覚如が気に入らなくて、勘当したのです。

では、覚如と存覚とどちらが正しいかということになるのですが、それはどちらにしても、覚如は最後まで自分の考えを変えませんでした。だから家庭的には覚如は必ずしも幸せではなかったのです。もちろん人間にとって何が幸せかというのは、いろいろな見かたがあると思います。しかし人間は歳をとるに従って少しずつ考えが変わっていくのが普通でしょう。家族の状況や希望にあわせて変えていくべきことがあるということです。子どもたちだって精神的に成長していくのですから、それに対応する必要もあるということです。それなのに父親がガンとして考えを変えなければ、家族全体としては幸せとはいえなくなるでしょう。

家庭的な意味で幸せでなかった証拠に、存覚はあくまでもいうことを聞きませんでした。さきほど覚如は奥さんを何度か変えたというようなことをいいましたが、覚如のことを理解してくれる女性はそうはいなかったということでしょう。また門徒からも総スカンをくってしまいます。

しかし覚如は、本願寺のこうあるべきだという姿を一生にわたって見せようとしたのです。また親鸞の教えは報謝の念仏であると、多少は誇張したかもしれないけれど、最初に明快に主張したのが覚如なのです。覚如自身は家族のなかで不幸だった面があると思いますが、後世の人間の生きるべき一つの見本を示したということになります。それは、覚如が、いってみれば人間関係のなかで苦労をした結果、自分の一生の課題を発見し、それに向かって突き進んだ結果ということができるのです。

四　おわりに

覚如についてお話を申し上げました。覚如は本願寺第三代ということでありますが、それは覚如自身が主張し始めたことでした。覚如は親鸞や蓮如のようには知られていません。しかし真宗の歴史を見ていく上では非常に重要な人物です。親鸞の信仰の解釈について、また教団組織の形成について、これまでさまざまな評価がなされてきた人物であります。覚如をどのように把握したらよいのか、私の考えているところを申し上げました。親子関係について個人的な感想をつけ加えれば、親は子どもに妥協せずに、いうべきことはやはり強くいうべきではないか、と思うのです。子どもが何といおうが、自分の生きかたを貫く。これが正しいと思ったら、それを貫く生きかたをする。それが覚如の生きかたでした。この強い父親と子どもたちとの葛藤はたいへんなものでしたが、しかし逆に子どもに甘い弱い父親であれば、子どもにとって超えるべき親が見えず、その成長にマイナスなのではないかと思います。

いずれまた、こんどは存覚・従覚の立場からも考えてみたいと思います。

講演原題一覧

親鸞と恵信尼――京都時代と関東時代について妻の立場から――
原題「親鸞聖人と恵信尼公――京都時代と関東時代――」
平成十一年十一月二十六日　東本願寺報恩講　親鸞聖人讃仰講演会　高倉会館

親鸞と善鸞――関東に送られた息子の立場から――
原題「親鸞聖人とその家族――如信上人と善鸞さん――」
平成十二年十二月十四日　浄土真宗本願寺派東京教区布教団
冬期講習会　本願寺築地別院

親鸞と如信――親しい孫の立場から――
原題「如信上人――縁を大切に目標を持って生き抜いた人――」
平成十一年八月二十八日　真宗大谷派茨城県日立市専照寺
サマーシンランスクール

親鸞と門弟――真仏・顕智・性信・順信の生活の立場から――
原題「親鸞と主な門弟たち」
平成十二年二月十三日　茨城親鸞の会　ホテルサンレイク

親鸞と唯円――『歎異抄』の立場から――
原題「『歎異抄』と唯円――門徒の生涯と信仰――」
平成十二年八月二十日　真宗大谷派岡崎教区第九組　夏期講習会
愛知県幡豆町祐正寺

親鸞と覚如――教団形成をめざす子孫の立場から――
原題「覚如上人のめざしたもの」
平成十二年四月十四日　真宗大谷派長浜別院大通寺　御坊さん人生講座

今井雅晴（いまい　まさはる）
1942年東京都に生まれる。1977年東京教育大学大学院文学研究科博士課程修了。文学博士。同年茨城大学人文学部助教授。1986年同学部教授。1996年筑波大学歴史・人類学系教授。2001年同大学第二学群日本語・日本文化学類長、現在は筑波大学名誉教授。この間、アメリカ・プリンストン大学、コロンビア大学、中国・北京日本学研究センター等の客員教授を歴任。
主な著書に、『親鸞とその家族』（自照社出版、1998年）、『親鸞と東国門徒』（吉川弘文館、1999年）、『親鸞と本願寺一族』（雄山閣、1999年）、『親鸞と浄土真宗』（吉川弘文館、2003年）、『親鸞と恵信尼』（自照社出版、2004年）、『茨城と親鸞』（茨城新聞社、2008年）、『親鸞の風景』（茨城新聞社、2009年）など多数。

親鸞の家族と門弟

二〇〇二年七月三〇日　初版第一刷発行
二〇一〇年六月三〇日　初版第三刷発行

著　者　今井雅晴
発行者　西村明高
発行所　株式会社　法藏館
京都市下京区正面通烏丸東入
郵便番号　六〇〇-八一五三
電話　〇七五-三四三-〇〇三〇（編集）
　　　〇七五-三四三-五六五六（営業）

印刷・製本　亜細亜印刷株式会社

ISBN978-4-8318-7482-5 C1021